W0414018

Peter Rühmkorf
Gesammelte Gedichte
Rowohlt

1. Auflage Februar 1976
© Rowohlt Verlag GmbH, Reinbek bei Hamburg,
1959, 1962, 1972, 1975, 1976
Gesamtherstellung Clausen & Bosse, Leck/Schleswig
Umschlagentwurf von Gisela Nolte
Printed in Germany
ISBN 3 498 05678 6

1953–1959

Himmel abgespeckt

Keine Posaune zurhand, keine Verkündigungen,
der Himmel abgespeckt,
wenn der Abend mit siebenfarbener Zunge
am Fenster leckt.

Ins Spektrum gefläzt, die Seele noch einmal nach oben,
wolken- und vogelwärts –:
Wer hat mir die Faustvoll Fleisch in die Jacke geschoben,
mein rüdes Gorillenherz?

Träume ausgeklinkt – gutso – die gondeln im Blauen,
in den schwimmenden Äther getupft;
mein gepökeltes Herz, mein eingesalznes Vertrauen,
das die Stellung hält und die Schlagader zupft.

Mit der Erde auf gutem Fuß,
den läufigen Nachtigallen – ! –
Ist es nicht schön, bald, bei aufgeblasenem Monde und
  steigendem Fluß
der Schwerkraft anheimzufallen?

Jaaa, Mooond, wenn er kömmt, der siderische Montgolfier,
im Pulk der Sterne die Nacht zu befahren ...
schlürf ich die Welt-an-sich und was ich sonst nicht versteh,
dir aus den Achselhaaren.

Schlürfe vom handwarmen All, der Gaumen zerfließt,
die Kehle schon –
Die du hier Luft einziehst,
mach die Funzel aus, oh-du-Sterbliche,
häng dich ein in die Gravitation.

Wes Pfeil?

In Tag getunkt, wo ich am Licht schmarotze
und gurgle mit der Luft, die mich erhält,
ins blonde Haar gefüllt der Sonnen-Votze,
das unserm Haus die Schulter runterfällt.

Wie mir vergorenes Gold um meine Schnauze brandet,
die Zungenspitze, rot von Agitprop –! –
Zwei-drei verschrobene Gedanken angelandet
in meinem Di-Da-Durchschnittskopp.

Hoi barbaroi, so seine Zeit veraasen,
– Mimung, mein Messer, das von Früchten träumt –
wenn weiß, wenn violett, von Nymphen angeblasen,
Klassenfeinds Flieder über den Drahtzaun schäumt.

Oh, Leslie Meier, gras- und flamm-geziert,
wes Pfeil hat dies entzückte Herz gelocht?
daß es mit Mück- und Schwalben transzendiert,
im Sommer, wenn er überkocht....

Daß es beim abgefeimten Drosselruf
auffährt im Scharlachnest....
der hochgedopte Gram, der links und luv
die Zügel fahren läßt.

Schmelzenden Beins, entflammten Rocks,
ein abgehalftertes Gefühl – – – davon!!
und mischt sich Träume vor der Musikbox
aus Fett und Phlogiston.

Dem Endlichen

Vorsicht Farbe!
Nur der Flieder saut sich ein,
der übern Zaun hängt:
Tausend Jahre Flieder, zwan-zig-!-tausend!
und die Erde wird ihn nicht abschütteln,
oder uns zugleich.

Sehniger Wind von West, der schnürt
durch die Stresemann-Allee,
durch
diesen Duft der überdrehten Schöpfung;
und so, unterm magischen Persenning,
– grau in grau, nur die Rhabarberborte rechts –
scheuch ich meine abgesessenen Gedanken
hier
in das schäumige Gehänge.

Warum dies?
Und dann, wenn die Nacht ins Kraut schießt,
(Luna sichelt schon im himmlischen Baumwollfeld)
warum dann, Towarischtsch Monomane,
nach der Luft geschnappt, als wäre sie wer weiß was,
und als würfe man dich morgen
schon der Ewigkeit zum Fraß vor –?
Ach, warum denn, Brüderchen,
hängst du so an diesen Möglichkeiten,
dein verdammtes Dasein nicht mehr zu kapieren?

Daß ihm sein Sparren grüne

September: der homöopathische Tag,
die Luft macht sich dünne;
Sonne trägt auch das Haupt nicht mehr so hoch,
kaum noch wärmt den machtlosen Arm auf der Brüstung
das gepuderte Feuer.

Um auf dich zu kommen und was deiner Belehrung
dienlich ist:
Immer wieder sitzest du, wenn die Sonne zugrunde geht,
fahrigen Kopfes auf dem Geranienbalkon,
einen magern Gedanken über die Grenze zu schieben –
Ach!
mit Größe ist hier garnichts zu wollen,
und was dir beifällt,
ist gleich unnütz wie das Gurren der Wassertoilette.

Ob auch der Himmel, der ewige, dir zukopfe schießt,
und die Unsterblichkeit sich vor deiner Schwelle die
Beine vertritt,
besser wär's, du gesselltest dich ihm, der in Hoffart sein
Süppchen schlürft,
besser ein Blatt hinterm Ohr und die Pentatonflöte im
Spundloch;
sieh nur, ich schwöre dir bei Scheitel und Steiß,
bei der Kardioide, zart, in der Kaffeetasse von Öhmchen:
Unbezahlbar ist am Ende die Luft, die du einziehst,
dein provisorisches Glück,
im vergänglichen Gärtlein eingesackt.

Skepsis? Guuut!
und in Skepsis besorge die lippelnde Abderitin;
wes Bett sie teilet,
des Lied singt sie vorbehaltlos melodisch.
Du aber rümpfe, Liebender, mißtrauisch dein
Praeputium;
ein ungesunder Jubel ist in die Welt gekommen,
planlose Zungen läuten im rosagefütterten Munde
zugleich von Flieder und Ewigkeit.

Nein, es ist, während noch dein Herz sein Holz in der
Brust hackt,
schon abzusehen, wohin es mit euch gerät:
Liebe, wie Tau von der Hand geschlenkert, jener
Hand, die dir jüngst so empfindsam die Hode wog,
SCHLIMMER,
wenn eines unumkehrbaren Maien eingedickter Triumph
erst zur Rassel greift ....
(Pomps Kindergries ist ja sooo bekömmlich!)
.... eiwei, keinen braunen Pfennig mehr,
Amigo, für dich.

Zeitiger lerne Traum und Bündel zu schnüren.
In der Luft aus Gold und Grau ist gut aufbrechen, Alter –
Was pfeift dir der Weise?
Hier geht er und könnte auch anders,
Platt- vor Plattfuß setzend, den Rucksack voll
ungelehriger Grillen;
keines Prophet, zum Beispiel durchaus nicht aufgelegt ...
Aber dies habt zum Zeichen, wie fidel er den Nornen
ums Garn geht,
und daß ihm sein Sparren grüne
in eingeebneter Stunde,
das wünschet nun mit uns!

Über heroische Leidenschaften

Als gefallener Engel – gut! –
sich's wohlsein lassen:
Die Ruhe nach dem Sturz –
Jetzt aber in der Wunderhose aus Redon
(die ideale Herrenhose mit Dauerfalte)
schreiten,
genießen die Biegbarkeit des Knies;
unabhängig
Haut und Schaum eines widernatürlichen Frühlings,
wie es zu süßem Ruin sich zusammenfand:
Nichts zum Behalten!
Das rinnt uns wie Sand unterm Zeh weg!

Ein Grinsen zur Linken, hä-hä,
was steigt uns der Atem ins Hemde?
was fuhr uns tief in die tannichten Knochen als
Fröhlichkeit?
Nimmt dich die Woge hopp,
peitscht dir der Flieder ans Ohr,
ab durch die vorgewärmten Lüfte,
Ziegelwand Ziegelwand
Ziegelwand,
ab durchs Cañon, ein magisches Jucken im Stiefel,
humpelst du südwärts.

Wolf im Schäferkostüm, heiterer Wolf,
woher uns zugelaufen?
Henker Lenz ist's, die grüne Peitsche zur Hand!
Köder hängt er ins rohe Geäst, Blütenrouladen,
(der protegiert jeden Bluff)
daß dein verkniffenes Herz alle Vorsicht fallen läßt:
Frischen Fußes strebest du hügelan,
im Unterliegen der Vorderste,
du singst:
Mit herkömmlichem Jubel ist hier nicht mehr bestehen!

Wirklich, es ist, was vorgeht, anbetungswürdig!
Eine Hecke, die über die eigenen Ufer tritt,
still vor sich hin schäumend;
weitaus aber holt der geflügelte Dornzweig,
dem grünen Plunder zum Gruß –
Toll! dies aufeinander bezogen zu sehen
und in wechselseitiger Verführung
wie schon geübt –
daß es noch das entmannte Korn im Kommißbrot bewegt,
unverdientes Gefühl großzieht in des Kriegsknechts Busen
(Der Kerl teilt sein Glas Wasser mit eines andern Geranie!)
Ohne dein Zutun, scheint's, wandelt die Welt sich.

Herrlich geht es bergab mit uns,
und, wie es deucht, die Geselligkeit!
Vom Quasi-Gewaltigen angerühret und schon
übertölpelt,
preist sich kopflos das Frisch-Verblendete.
(Chloroformgeruch der Unendlichkeit)
Merke:
Aus der Gemeinschaft der Gleitenden,
da dir noch alles um und um gewendet erscheint,
Lieber,
und im Austausch von Irrtümern brüderlich,
schert
der dich morgen in höhere Sphären zurückhievt,
– jede Sintflut zu überdauern gewillt –
der Mietling.

Ho – he – hau! attenzione! warschau! be cautious!
Niedergefahren zur Erde, gefällst du den Irdischen
nicht.
Kämm dir das dümmliche Laub aus dem Blick, es ist
dein Herz bereits im Gespräch, dein Schädel prämiiert,
den man als Lehrgeld hier einbehält.
Sauer dann:
in den Baum der Erkenntnis geknüpft,
unwiederrufbare Glut aus der Hose fahren zu fühlen.
Halbwegs Verlorener!
fast annulliert und zum Sinnbild herabgewürdigt,

aber bereit, ge-ge-eff, sich wortlos nach innen
wegzudrehn –
Sieh, wie der Gauner dich auf deine Schwalbe hin
anspricht,
nachbarlich,
also verschnittener Zunge antworte du!
Und!
Wenn ein gewaltiger Morgen über die Kimm schlägt,
ein Bekenntnis dir abzufordern ...
öffne das Auge nur schlitzweit.

Auf Sommers Grill

Auf dem Grill des Sommers hingebreitet,
sonnen-krosses Laub am Ellenbogen,
und der Himmel wie ein Präser Gottes
über die entflammte Welt gezogen.

Hochgehaucht am fuffzehnten Julei,
blau, das zarte Fell des Absoluten –
mein zerfahrenes Gesicht an deinem ausgeruhten
stimmt im Letzten doch dem Flugsand bei.

Ausgeworfen oder umgehetzt,
halb im Brand und schon im Schlamm des Jahres ...
nun, mein Hundeherz, mein wunderbares,
wie's zum Sprung ansetzt!

Zögernd an der westlichen Empore,
– schwenkt der Abend schon sein Chiffon-Tuch –
und hiiinein mit Spruch und Widerspruch
in die ausgelaufne Trikolore!

Wo die Schöpfung schon ins Jenseits überlappt,
abtrimo! und ins Gewölk wie nischt ...
Goldener Schaum vorm äsenden Maul des Sommers,
losgeflockt und aus der Welt gewischt.

Selbstporträt 1958

Prächtig, nichts verstanden zu haben und doch
sein Nasenloch voll Sterblichkeit zu genießen –:
der wackere Sohn des Moments,
jetzo schlendernd unter viel Feinden und wenig Brüdern,
durch Schaden schlau geworden und
dem Boden gründlich mißtrauend, von dem er sich
geschaffen wähnt...
trottet er, bar jeden höheren Zieles,
kantapper – kantapper,
ein asthenischer Wolf ins Orangenlicht.

Wie schnell einem die Tage vergehn,
wenn man nicht im Gefängnis sitzt.

Sommers und herbstens und immer wieder:
unermeßlich ist das Glück, dessen jener bedarf,
ABER:
reißt er sich heut seinen Braten im pfirsichfarbenen
Schlüpfer,
– höh! wie der Himmel ihm bis unters Haar schwappt! –
wenn er sich wieder erhebt,
der Vortreffliche,
sein Fell sich glättend, seine verstauchten Strukturen,
wenn aus sirupner Umarmung er sich nachdenklich löst,
magst du ihn fragen, ob er
dir stürzen helfe, was nach oben gelangt ist.

Das Holelied des Ungehorsams –
gebellt oder verkündet –
aber von keinem bisher so prägnant
als von ihm.

Ihn zu bestimmen ist nicht eben leicht
im Kreise der Thierheit.
Nicht, daß nicht innerlich alles beim Alten wäre,
ei! er kaut noch immer das überkommene Nichts, daran
schon sein Vater mahlte,

und nichts Neueres als Nichts fiel ihm bei –
Hüte dich aber, deine rechte Hand ins Feuer zu legen
für seine linke:
manchmal, morgens, hinter der rrrradikal unentschlossenen Zeitung,
den plausiblen Porridge löffelnd und die vordergründige Frischmilch,
knüllt er sich mit Bedacht
(und dies ist durchaus in der Ordnung)
eine original – Thälmannfaust:
Druschba!

Zu wahr, um schön zu sein:
auch der Feingeist muß fressen.

Um dann wieder,
seiner Klasse natürlicher Sohn,
leicht, bei gedrosselter Sonne, nach oben zu reisen:
er Spezialist – panimajo? – er züchtet
Angorawolken im Kopf, einen schaumigen Zauber;
im Tau, im Licht, mit garnichts kommt er gefahren,
aber lässig und leerer Hand einen Gruß dem Hack des Jahrhunderts
in den gähnenden Himmel gewinkt, grohoß,
der das blaue,
das unendlich erstaunte Maul nicht mehr zukriegt.

Einer der Allergeringsten

Leslie Meier trägt seine Haare zurückgekämmt.
Seine Existenz reicht vom Sirius bis zum Absatz, dem schiefen.
Was ihm der Tag in die hirnene Reuse schwemmt,
Furcht und Vernunft, die üblichen Hieroglyphen.

Leslie Meier dreht den Kopf nach den alten Gesetzen;
er merkt: die Welt besteht aus Blut und Benzin –
Wenn ihn die Furien über den Schotter hetzen,
siehe, er weiß, sie erkennen ihn!

Dieser Mann ist sicher einer der Allergeringsten,
verlaust und verliebt und verrückter Gedanken voll;
vom Phosphor erleuchtet und ohne Hoffnung zu Pfingsten,
gibt er die Welt zu magischem Protokoll.

Seine Seele ist ein Star mit zerfleddertem Flügel,
geblendeten Auges, sein Flöten tönt fürchterlich –:
Reiche mir einer der Herrschaften bitte den Spiegel;
alle andern Gesichter langweilen mich.

Leslie Meier beherrscht die Ironie dritten Grades;
er ist arm und er treibt mit sich selbst und dem Irrsinn
  Verkehr;
er ist finistischer Dichter, sein fades
Einsiedlerfleisch läuft immer neben ihm her.

Was seine Freunde sagen

Meine Freunde sagen: Leslie Meier, sing uns ein Lied,
das uns so leicht keiner singt!
So hebe ich also meine Stirne aus Eternit
sicher und unbedingt.

So hebe ich meinen Kopf in der für mich bezeichnenden
  Art –:
Ich für meine Person
rechtfertige schließlich allein meine Gegenwart,
aber wer bin ich schon?

Durchgetretene Füße und ausgeleierte Schuh,
so lieg ich träge quer über dem Meridian;
bald schnüre ich meinem Gehirn die Kehle zu,
dem gefräßigen Kormoran.

Doch im Juli, unter dem Sonnensegel,
verweilt einen Augenblick.
Dort les ich den Teenagers aus den Därmen der Vögel
ein dürftiges Geschick.

Ich blicke ernsthaft durch meine Brille, sechs Dioptrien,
in den pompösen Verfall...
Dies Auge, auf Abruf von den Göttern entliehn,
mißtraut dem Sonnenball.

Ich fege alle Hoffnungen von unserm Tisch
zehn Jahre nach Oradour.
Ich sitze in meinem Sessel aus grünem Plüsch.
Ich besinge die Müllabfuhr.

Im Vollbesitz seiner Zweifel

Nicht zu predigen, habe ich mich an diesem Holztisch
niedergelassen,
nicht, mir den Hals nach dem Höheren zu verdrehen,
sondern mir schmecken zu lassen dies:
Matjes mit Speckstibbel, Bohnen, Kartoffeln, Einssechzig;
Aal in Gelee, Kartoffelpürree, gemischten Salat,
Zweiachtzig;
Kalbszüngerl mit Kraut, Zwomark;
Beefsteak à la Meyer, Erbsenundwurzeln, Zwozwanzig;
Rührei – Blumenkohl, Einemarkdreißigpfennige;
Fliederbeersuppe: Jawoll!
Wenn die Sonne, die Löwin, sich Glut aus der Mähne
schüttelt,
und der Inhaber meines Mittagstisches die Markisen
herunterläßt,
mache ich's mir bequem hinter der Zeitschrift für
Armeirre:
Ei!
es hat sich wieder allerhand Rühmenswertes angesammelt
in unserer Erzdiözese.

«Mahlzeit» –
Eine Marienerscheinung mehr oder weniger macht noch
keinen Himmel,
aber imganzen gewaltig ist der Clan meines
unaufgeklärten Jahrhunderts,
das noch den Kot der assyrischen Großkönige abtastet nach
Kohlenstoff vierzehn,
das
den Herren der Heerscharen preist in der Unsicherheits-
Relation,
das
schon mit goldenen Bombern an seinem Untergang webt –
da sollte ich konkurrieren?
drei-mal-vier Zeilen «Norddeutsche-reimlos»?
Oh, ich habe mein Maß und mein Bett und verbleibe
meiner Geranien Poet
und der Sänger meiner Gebrechen!

Der du auch einmal kamst, Bellarmin, dein gewaltiges Herz
unter Fünftausend zu brocken,
rück Stuhl und Leib zurecht, du findest
dich durch Schwerkraft genügend belegt, du spürst,
wie sich dein Auge machtvoll ins Endliche kehrt:
– Oh Lust am Greifbaren! –
wenn aller Anspruch abfällt, und eines doppeltgebrannten Sommers
Trank dir verheißend zum Munde geht ...
Ich sehe:
Ich sehe ein großes Motiv:
Ich sehe dich:
im Vollbesitz deiner Zweifel froh,
eine vergnügte Zunge gegen das Schweinsfleisch gezückt
(die soviel Unsägliches pflügte) –
Aber auch dies ist wohl unter Brüdern
seine Erschütterung wert.

Sentimentalisch I

Die Schotten auf, Bewußtseinsboom,
– janz schpätes Haus –
und hebst den Kopf voll Alterthum
und schlappst die Himmelsschüssel aus.

Dein Herz schlägt an, dein Maul gibt Laut
im windverzogenen Gesicht;
den Tag, der dich zur Erde kaut,
kapierst du nicht.

Du nicht, du bist nicht auserwählt,
da trittst du leer und glaubtest schon
die Schuppen auf dem Kopf gezählt,
mein Sohn, verlorener Sohn.

Kein Hals von Dauer, nicht ein Haar
wie deins, kein Klumpfuß – panimaj?
kein Heldenmarsch, der ist und war
und auch der deine sei!

Das läßt schon Spur und Schuh.
Saturngefällt, von Sonn vergift,
Figuren in den Sand geschifft,
Lenin und Winnetou ...

Historischen Moments,
ach, welchen Tages Ausgeburt –?–
Du bleibst, der seine Brocken schnorrt
im Mulm der Existenz.

Sentimentalisch II

Mein Ich-und-Alles, nix versteh,
der Mond geht hoch, da sitz ich baff
und brenn mir meinen Schnaps aus Schnee,
the pangs of depised love.

Oh Lieb, mein Lieb, oh l'homme machine,
den Schwur ins Ohrenschmalz geritzt,
du wiegst, wo du die Düne trittst,
den Globus in den Knien.

Und schmeckst das Laster schon im Schritt,
den Himmel, der das Seine tut –
Geruch im Haar, sehrgut-sehrgut
nach Tang und fit.

– Der lange süeze kumber mîn,
bei ausgebeuteltem Verstand,
schlug meines Hertzens Tamburin
von Helffenbein, die Hand?

Gemach-gemach, kein Hirtenlied
der tumben Hode abgepreßt;
und nichts, wenn Luna Leine zieht
im seidnen Südsüdwest.

So kommt es und zergeht...
Ach Sommer vor Zenidens Bug
wie das, was Wind im Maule trug,
davongeweht.

Mit Aug und Haar, mit Ohr und Zung
tief im Wachholderschlamm der Nacht,
im Mistbeet der Erinnerung
zu Grund gebracht.

Variationen auf ein Thema von Friedrich Gottlieb Klopstock

Schön ist, Mutter Natur, deiner Erfindung Pracht,
mit entspanntem Munde gepriesen; schöner ein
künstlich Gebiß,
das den großen Gedanken
einer Schöpfung noch einmal käut.

Dort, wo der schimmernde Fluß sein Kleingeld verspielt,
oder hobest du dich schon wieder ab in den Äther –?
komm, da der Abend den seidenen Stander setzt, bleu-weiß-
rot,
die Fahne aus Hauch und Traum ...

komm, oh komm auf der farblosen Schwinge des Winds
– so wie er den zartgesalzenen Flügel rührt –
dreigestrichnes BEWUSSTSEIN:
dem am Reißbrett entworfenen Phönix gleich.

Schon lag hinter uns weit der Süllberg,
Sagebiels Gasthof, gepflegte Biere, Bäume klettern
den Hang hoch,
Flieder-Kastanien-und-Rotdorn, schooon
sog uns die Schwerkraft am Hintern.

Schulau: der Abend mit silbernem Kamm im Haar,
wenig Erkenntnis und kaum noch Veränderung,
nur das verdorbene Herz,
das seine Synkopen hackt;

nur dies Herz, und ein instabiles,
grobes Gefühl in der Brust, der hochgemöbelte Ursprung;
und wir sangen hinter dem Segel
und empfanden wie Schmidt.*

* Schmidt, Arno; Bargfeld, Kreis Celle.

Jetzo den Himmel! Beachtlich! Links hinterm Schweinesand:
halb entblößt über der flachgebackenen Insel –
da, da hängtest du SCHWERKRAFT
volles Maßes dich bei uns ein.

Süße Hinfälligkeit, du, dich empfanden wir;
natürliche Tochter des – nun-nun – Geworfenseins,
das uns die Rute durchsüßt,
uns an den Boden pflöckt.

Vom Sommer überrollt und schon aufs Kreuz gelegt,
Eli – Eli! bei geerdeter Seligkeit
sind wir beschlossen in das,
was uns unter der Jacke schwelt.

Es gibt uns noch, Kameraden, unwiderlegbar,
– und bewiese uns nur das Fleisch, das sich warm
in der Hose bewegt –
lauter stammelt das Sterbliche:
Coeo ergo sum!

Die Welt auszusaugen, die wir nicht verstehn,
sind wir gekommen, im Bunde mit allem, was stirbt und
stinkt –
Tomeihoda! zur Hälfte Subtilität,
fuffzig Prozent Remmidemmi!

Also schlürfen und reflektieren und dies: unter durchaus
zweideutigem Himmel:
Mein Ich-und-Alles, der in Wodka gelöste Widerspruch...
Ab durch die Mitte nun!
Ab in den Acheron!

Du mit der Plombe im Zahn und dem schlechten Geschmack
im Mund,
faselnd von Unsterblichkeit und nachgespendetem Ruhm,
wen bringt die ausgelutschte Fanfare
noch auf die Socken?

Wen? da nur Schatten schwärzet den Rückspiegel
 unsrer Erinnerung:
Der alles verändern wollte, liegt unter den Rüben;
und wo ist die schöne Zeit als
Eff Nietzsche noch in der Sandkiste spielte?!

Ausgekaut hat der Unterkiefer von Mauer;
wie im Aug des Edlen der Himmel für immer gelierte –
Mächtiger und gefräßiger noch als der Mensch
ist die wortlos mampfende Erde.

Einen Schoß zu beschicken, was lohnt's?
und was: ein knollend Geschlecht fortfahren zu machen,
daß es weiter den Erdball trete
in Entzücken und Skepsis –?

Nichts, garnichts rechtfertiget den gewaltigen Leerlauf
 der Zeugung,
nur, weil es dich einmal gibt und du dich noch auf den
 Beinen hältst,
misch dich unters Bestehende,
im magnetischen Feld auf Beglückungen aus.

Jaaa, ganz in Weite gelöst und mit nichts als Südwind angetan,
gleiten wir durch sich langsam zersetzenden Tag
sacht ins
fliederverhangene Maul der Bucht...

treiben wir, wissend, daß Messer für alle gewachsen sind,
eine Kinderzitze im Mund, nicht unwürdig unsrer
 Verderblichkeit:
Glücklich noch einmal eh
der Himmel uns abtut an Kindes Statt.

Um die Bestände zu überprüfen

Andramoiennepemusapolytroponhosmalapolla ...
den Vielstrapazierten nenne mir Muse, den Mann:
Seine Bescheidenheit ist seine vorzügliche Größe;
der schmökt seine Piep, der weiß, was er aussagen kann!

Antithese: Die Behauptung, daß zwischen den Planeten Mars und Jupiter aus Gründen der Vernunft (?!) kein dritter Stern möglich wäre – heißa Kathreinerle, da doch zwei Jahre vor Hegels Habilitationsschrift die Ceres bereits entdeckt war!

Aber hoch mit dem Blick zum Unendlichkeitskino;
solange das Metronom noch tickt unterm Nessushemd;
schau, wie der Westwind dem Monde, edlem Albino
Zirrushaar vor das Auge kämmt.

Keine Transzendenz, keine Götter, kein doppelter Boden. Bei aufgebockter Seele und rechtschaffenem Verstande: «vertrauend auf das Principium individuationis oder die Weise, wie das Individuum die Dinge erkennt: als Erscheinung».

Ich bin seit Hellas ziemlich heruntergekommen,
ich hänge mein Herz an alles, was mir durch die Finger rinnt –
Das Elend der Welt ist größer als angenommen,
und köstlicher der Wind.

Um kurz die Bestände zu überprüfen: Schlüssel? Jawoll. Portemonnaie? Hm! Zigarettenstreichhölzer? Ijo. Munter und unternehmungslustig klickern die Bellergalpillen in meiner Tasche. Noch einen Zug von der unendlichen Luft: Ich entwickele keine höheren Gedankengänge.

Im Zorn des Sommers, ganz mit Gold bekotzt,
oder wo Finsternis über dein Herz verfügt –:
Sanft und gewaltig der Schlag des Sauerstoffflügels;
nun deute den Hauch, der dich trägt oder unterpflügt.

Hut ab vor der Schöpfung! Hinein ins Unaussprechliche! Der sich beteiligt, will nicht erkennen.

Von Erde genommen, wer widerlegte mich?
Fröhlichen Mist von morgen, der singt und sich gütlich tut!?
Mensch sei helle. Werde unwesentlich
auf der Woge von Bullenblut.

Das Ei des Kolumbus

Nicht mehr die Sonne mit lodernder Mähne am Heck,
und der Wind, voll Vogelschrei und gesalzener Nachricht –
Nur den eigenen Atem im Gaumensegel,
genießest du als deinen letzten Besitz
auf magerer Pritsche die Schwerkraft.

Gestern noch hoch zu Meer, im hölzernen Sattel, caramba!
Wieviel Licht für dein Auge, wieviel Gesang für den Mund!
Ganz zugedeckt mit Glück (von dir selbst
war fast nichts mehr zu erkennen) – wo aber sind
die Freunde jetzt, Bellarmin,
mit den Gefährten?

Aller Weiten enträtst du und nicht nach Gutdünken;
wie ein ungemeistertes Wasser dich herrisch beiseite tat:
Rippen-und-Spanten, das wird bald abgewrackt!
Erkennend strecke dich ahndevoll,
ob du auch weniger kundtust, als daß es zurest geht.

Wenn du dich gut durch die eingedickte Nacht gestakt hast
und den Morgen begrüßt und das frischgemolkene Licht,
hoch- wie leer-gegriffen zu niemandes Anlaß –:
Es ist just so dahingewinkt und bewirkt nichts mehr –
Was denn lutschest du noch aus einer alternden Zunge
wortlosem Zipfel für fade Hoffart?

Leg dich ohne Widerspruch auf deine rechte Seite,
daß dein Herz dem Scheine nach oben treibt,
taub und tortillaleicht, ein vegetarischer Spaß.
Auch dies könnte ein Glück abgeben: heiter
sein Morgen-Ei klopfen,
den Witz des Anfangs,
den Absturz in nuce...
Selbiger Stunde noch sähst du die Späher vorbeiziehn;
schlicht nickend vor soviel Größe.

Anti-Ikarus

Aufgefahren ist mein Bruder, der Briskmann, im silbernen
Schlitten,
niedergefallen zur Erde am zweiten Tag;
schon annulliert und nicht auferstanden am dritten –
Senke den Kopf, wer will, die Lidermarkise, wer mag.

Ich, imübrigen, kaufe das Ei des Kolumbus
bei meinem Milchmann.

Ich vom Boden, jawohl, von der Erde ich, von den Steinen,
keine Kondore mehr im hirnenen Horst–!
Wer ist gekommen, Aufschwung und Fall zu beweinen
des geflügelten Aff, wenn er Furcht in den Äther morst?

Mythos kapuuut. Die Motten im Wielands-
hemd.
Laika, die Liebliche fault einen beachtlichen
Tod. Aber beiß die Plomben zusammen –
es kommen bald bessere Tage.

Grillen ins All gejagt, gefesselte Ikariden,
dein orthopädischer Traum im schlappenden Flügelschuh –
Nachschub an Wind, der sanfte Transport aus dem Süden,
schaufelt die Sterne zu.

Auf dem Prometheus-Gasbrenner koche ich
meine Zamek-Suppe. Ich habe die Flamme
nicht erfunden. Ich werde die Glut nicht er-
läutern. Überhaupt sind meine Gedanken auf
die nächsten drei Tage zugeschnitten: wie ich
mein Brot mache für ein Leben, das ich so-
wieso nicht versteh. Und sieh nur, wie das
Gulasch strampelt im Dural-Patenttopf ...
Wer wächst da über sich hinaus?
Nun noch den Pfeffer und Lorbeer, frisch
von der Stirn gepflückt –:
Ich werde kein absolutes Ding drehn!

Zwischenmenschliche Beziehungen

Daß er noch lebt, ist gut,
und just seine Jacke ausfüllt,
wir wollen garnichts von ihm erwarten.
Wie eine stille Funktion des Sommers läßt er sich nieder;
fristet
ein knappbemessenes Glück.

Ob er gekommen ist, dem Rauch nachzusinnen
oder
zweideutig grient, als ob er ein Wunder verwalte
(er kennt kein Geheimnis!) ...
es ist doch ein freundliches Fleisch, mit dem sich umgehn läßt,
und das,
einmal beseitigt,
nicht mehr recht aufersteht.

Hundertfuffzig Pfund auf die Waage gebracht
– Wie du! Wie du! –
und außer Einmaligkeit nicht viel Bedeutendes –
aber von aller Größe abgesehen und
nicht einmal seine Hilfe in Anspruch genommen,
er lebt, und schon wie er sich die Braue kratzt,
fordert volles Vertrauen.

Gönne ihm also den Hintern breit Platz auf der Parkbank,
sieh ihm die Nachbarschaft nach;
gleich, was er mit den Grillen beginnt,
die du ihm halt preisgibst –
Wie er dir endlich die leere Hand drückt mit seiner leeren,
ein guter Gruß und ein bekömmlicher Abschied!
Unter Unerlesenen:
Daß man weiß, wohin es sie heimtreibt.

Vorschlag für eine alternde Geliebte
oder
das Leben beginnt mit vierzig

Möchtest du einen großen Hund, einen Riesen?
Der pariert, wenn du «komm» sagst,
«geh» oder «pfui» oder «putz ihn»,
möchtest du einen kleinen Hund?
Möchtest du einen, ihn auf den Arm zu nehmen,
daß er dein wiederaufgewärmtes Gesicht leckt,
der deinen Atem erträgt?

Kauf dir ein einfaches Tier für die Tage des Elends!
Schon ist der Kurswert deiner Umarmungen beträchtlich
gesunken,
und auch dein Lächeln gefällt nicht mehr –
Unschätzbar ist da ein simples Geschöpf, das dich wittert,
dies Auge, das noch an dir hängt,
wenn du aufstößt nach Ewigkeit.

Ach, der Himmel!
Himmel, und was deine Träume sonst nicht deckt,
wie der Mann, der dich liebte, längst über alle Berge ist...
– Cunnilingus, Versprechen beim Scheitelauge des Monds –
abgetan, abgetan,
sieh dir den Kurzwarenladen an in der Leibnizstraße
den besten der Läden!
Der Mann hat ganz andere Sachen vor!

Wo geht denn von dir noch die Rede?
Post? Es sei denn die Sendung von – äh –: Thalysia:
«An alle Haushaltungen»,
doch schon wenn der Mond steigt, nimmst du nicht mehr teil.
Du nicht, du verlorst, was dir
zu verlieren gegeben war.
Hin ist der Sommer, hin – und so der Geliebte; der
annonciert
seine Maße morgen im Abendblatt:
Es ist gerad dein Gesicht, das er nicht mehr erinnert.

Rühr nicht daran.
Nicht den Schwur repetieren, die alten Kamellen der Seligkeit;
keiner will daran gemahnt sein,
daß er dir einst das Salz aus der Hand fraß –
Darum «heute und hier»: Kauf ein Hündchen!
Zwanzig Mark auf den Tisch
für Auge, Schnauze und Schweif;
daß es im Regen um dich herumspringe, ach,
und sich neben dich setze
ins milde Gesönn des September.

Wildernd im Ungewissen

Wildernd im Ungewissen,
im Abflußrohr der Zeit;
etwas Größe unter den Nagel gerissen,
etwas Vollkommenheit.

Wir haben um neunzehn Uhr Syringen gebrochen
und brachen Duft und Gram ...
Flieder, mein lieber Mann, wir haben Flieder gerochen,
wenn der Mond über Deutschland kam.

Im wenig Dauerhaften,
von Wind und Schein verführt –
weiß ich, ob wir die Sterne verkraften
bis man uns abserviert?

Bis wir abtreten müssen:
Schotter des Schicksals über die Fläche gestreut –
Etwas Größe unter den Nagel gerissen,
etwas Vollkommenheit.

Mit unsern geretteten Hälsen

Mit unsern geretteten Hälsen,
immer noch nicht gelyncht,
ziehn wir von Babel nach Belsen,
krank und karbolgetüncht.

Fraßen des Daseins Schlempe,
zelebrierten in gleitender Zeit
unter des Hutes Krempe
das Hirn, seine Heiligkeit.

Tätowiert mit des Lebens Lauge,
doch von erstaunlichem Bestand:
Das Weiße in unserem Auge,
das Warme in unserer Hand.

Wir haben gelärmt und gelitten;
wir schrieben Pamphlete mit Tau und Teer –
Worte schöpfen, Worte verschütten
in ewiger Wiederkehr.

Was du noch auf der Zunge hast

Nachts im Güterwaggon,
irgendwohin getragen:
Nun sing den phantastischen Song
deiner Niederlagen.

Zeit und Luft geschlemmt
in panischen Zügen –
Nicht über den Arsch unterm Hemd
kannst du verfügen.

Untröstlichkeit fließt
durch deine rachitischen Knochen.
Wo du deine Träume beziehst,
ist alles zusammengebrochen.

Der Engel, der dich schaßt,
malt morgen den Himmel kobalten –
Was du noch auf der Zunge hast,
kannst du bei dir behalten.

Hymne

Völlig im Einklang mit diesem Satze Hamanns,
daß der purpurne Mantel des Genius
nur den blutigen Buckel ebendesselben verdecke,
(sehr fein beobachtet!)
justiere ich meinen Hintern auf dem Hocker von
Riemerschmidt:
Ja!
in meiner Branche ist Glut und Finsternis durchaus der
Umgang

Zwischen Geburt und Beil halte ich mich
meinem Zeitalter zur Verfügung.
Ein klarer Kopf hat sich auf meinen Schultern konstituiert,
voll süßen Grimms
auf die hierorts gehandelten Sitten:
wie es speckgeknebelten Halses von Freiheit quäkt:
kein Stroh zu gemein, kein Arm unerschwinglich,
und dem man das Licht noch vorkaut, er mietet
den Streifen Abendlandes vor meiner Türe.

Der unter solchen Umständen zu singen anhebt,
was bleibt ihm zu preisen?
was wäre, he-denn, eines erhobenen Kopfes noch wert?
Trainiert und geflügelt
nahet der Gauner im Glück:
eine schöne Gesellschaft möchte sich maßnehmen lassen,
zwischen Hacke und Schnauze: Erhabenheit!
Dahinter den Mond, wenn ihm Tran,
Tran, hell wie Tau, aus zerlassener Locke träuft;
schöneres Bild eines Hochkommens, handkoloriert –
gemach!
gemach, Señores,
euch laß ich den Tiger tanzen!

Aber nun:
die ihre Schwäche nicht adelt,
halten um Lieder an;
brav unter ihre Dächer geduckt,

wie sie die Peitsche zu unansehnlichen Brüdern gekämmt hat:
Kumpel!
mach uns ein Lied!
der du als eins unter andern
hungriges Hündlein bist,
mit den Lüsten der Hündlein
u-hund
dem trauten Wauwau eines allen gemeinsamen Grund-
gesanges –
Ihr Jecke, das ist, was einem in Deutschland das Hirn an die
Decke treibt:
rührt euer Klinkerherz andres als Schuß und Schlag,
oder:
wo ich euch aufspiel, legt ihr da mit Axt an?

Deutschland[1] – Deutschland[2]
hier wird mir kein Bruder geworfen;
hier steht die Luft, wie die Torheit stolz auf der Stelle tritt.
Zwar
mit Forsythia führt sich auch diesmal wieder der Lenz ein, mit
Rosenbändern,
aber Träne auf heißen Stein ist des Wackeren Jammer!
Ach, wodenn träfen sich Zweie im stillen Anschaun des Monds,
gleich
in Erörterung der kernwaffenfreien Zone?
Woooooo,
liebende Freunde und reflektierende,
drängte hoffnungsvoller nach vorn die Verfeinerung?
Daß des Edlen «Avanti» mächtig aufkläre unter Irdischen,
ihrer Schwalben Geleit, gütlichem Sommer zu –
Oh Ihr Gefährten,
unsichtbare noch, aber im Dunkel schon ausgespart,
aus dem Schlamm des Vaterlandes erhebt euch!
Die Unmuts-Zunge rührt,
froh der Anfechtung und e i n e s Zornes voll.
Daß ein künftig Geschlecht euch anständig spreche.
Größe von eurer Größe zu nennen weiß
und Nein von Eurem Nein.

1 BRD; 2 DDR.

Wir singen zum Eingang:

Leslie, das asthenische Schwein,
gut, wir lassen es leben –
Auf so muntere Art morbid zu sein,
ist nicht jedem gegeben.

Treibt er nachts im gesegneten Kopp
die Gedanken zur Weide,
sahet ihr keinen ächteren Snob
zwischen Schwanhai und Shangheide.

Die sich seine Liebste schilt,
im Zarten – im Groben,
ist es, die seine Schüssel füllt
und sie trägt ihm die Glut aus dem Koben.

Was ist denn noch seine Freude wert,
Herr Doktor aller Kassen?
Wie das Glück zuschoße fährt,
soll man es abziehen lassen.

Wohlig dann, mit zerlaufnem Verstand
von vorn zu beginnen:
Eine Orange aus Pockenland,
eine Brust aus Gumbinnen.

Ja, es ist gutsein hier – Herz in Aspik;
– Ich bin kein Adeler geboren –
Wie die Suppe schnalzt, Marx- und Engelmusik
in meinen Schelmenohren!

Das ganz entschiedene Ausweiche-Lied

Feinsliebchen, so verführerisch
im li-
la
Licht des Januar –
ich teil mit dir den Dosenfisch
und Berenikes Haar!

Besprich mir
meine Läus im Pelz,
ich schenk dir silbern Gin.
Der Herr erhälts,
der Herr vergällts
und geußt den Rest dahin.

Die diese Stunde mir verkürzt
mit Zunge,
Hals
und Bein –
Der goldne Bomber steigt
und stürzt
in Laurins Garten ein.

Die Helden liegen auf dem Sprung,
den Zahn gespitzt –
ICH
pfeif mir
mein Verfeinerung!
Und zeig dir, wo der Himmel sitzt.

Wiegen- oder Aufklärelied

Schlaf mein Kindchen-ungewollt,
Rubel-Mond durch Wolken rollt;
Silberdollar: dir und mir –
ratzepatz! zu Altpapier!

Papas Puschen schlurfen sacht;
hattu dichti-dichti macht?
Große Krise unterm Skalp:
Gram und Taumel halb-und-halb.

Bulle-bulle, geh zur Ruh;
Fenriswolf und Libby-Kuh,
wie das, bis der Himmel haart,
säugt und säbert, reißt und paart.

Wie es steigt und kopflos kippt,
Nike blind am Raume nippt –
bald fegt uns das Lämpchen aus
Bundeskriegsminister Strauß.

Schlafe ein, still mein Kind,
Brot in der Trommel, Speck im Spind;
gut, wenn dich das trösten mag:
im Kropf noch Hoffnung für einen Tag.

Fahre wohl, fahre weit!
Speichelwoge, flüssige Zeit –
Nun die Nacht das Riesenlid
übers tumbe Auge zieht.

Lied für polnisches Mädchen, zu Quickborn in Stellung

Der Himmel über Holstein ist
aus durchwachsenem Speck –
De du mîne Leevste büst,
heur, wat ick segg!

Kôm du um Middernacht
zum Glas Kantorowicz;
Pleil, der die Mädchen schlacht',
schläft auf der Pritsch.

Oh, Milka, zwiegezitzt,
eine Kerze aufgesteckt;
wie das Licht in deinem Goldzahn blitzt,
wenn die Flamm sich verschreckt!

Egle ich dir am Fett,
weil's sich so gibt und schickt:
einen glühenden Eierbrikett
dir am Hals zerdrückt!

Meinen Alp trag ich huckepack,
das schnurrige Tier;
schlägt uns die Freude zu Wrack,
kaspert er über mir.

Treck ich mîne Maibüx wedder an,
preis ich die Luft dieser Welt –:
dobrze Rapackiplan,
der sie erhält!

Schlag dich nun voll mit dem Kitsch,
der ihr innewohnt;
friß zum Kantorowicz
den Radkäs' von Mond.

Guter Freunde Nachtlied

Der Mond ist aufgegangen,
aus der Tasche rinnt mir die Zeit;
wir gleiten, mylords, wir gleiten
in die Bremsspur der Ewigkeit.

Ach Riegel, mein lieber Riegel,*
und süffeln sonder Bedacht,
zwei biedere Eulenspiegel,
von der sternengesalzenen Nacht.

Dich deucht, ich hätt Profundes
in meinem Schädel mitgeführt?
Das Schlaflied eines Hundes
ist, was mein Herze rührt.

Auch such ich keine Künste;
sieh, wie ich bester Zuversicht
meine Bedenken dünste
im ausgelaßnen Mondenlicht.

Gezweifelt und gepfiffen –
das ist, wie man den Mund verzieht,
im Wind mit einbegriffen,
der nach uns schnappt, Candide!

* Werner Riegel; Lyriker, Essayist,
Herausgeber der Zeitschrift
Zwischen den Kriegen;
geboren 1925 in Danzig –
gestorben 1956 in Hamburg.

Heinrich-Heine-Gedenk-Lied

Ting – tang – Tellerlein,
durch Schaden wird man schlau;
ich bin der Sohn des Huckebein
und Leda, seiner Frau.

Ich bin der Kohl- und bin der Kolk-,
der Rabe, schwarz wie Priem:
Ich liebe das gemeine Volk
und halte mich fern von ihm.

Hier hat der Himmel keine Freud,
die Freude hat kein Licht,
das Licht ist dreimal durchgeseiht,
eh man's veröffentlicht.

Was schafft ein einziges Vaterland
nur soviel Dunkelheit?!
Ich hüt mein' Kopf mit Denkproviant
für noch viel schlimmere Zeit.

Und geb mich wie ihr alle glaubt
auf dem Papier –:
als trüg ein aufgeklärtes Haupt
sich leichter hier.

Das kleine Ausschweife-Lied

Gut, wir fahren, Geliebte,
ins Nassauische –
Schön ist die einfache Miene,
schöner die mißtrauische.

Gut ist das Lied wider-den-Strich-
züngelnder Seladone.
Wie schön reflektierte es sich
in kernwaffenfreier Zone!

Kopf auf'm Hals, Hals noch nicht geschnürt,
Strick nicht gewunden –
Die mir den Sommer anrührt,
wird mir die Lust nicht stunden.

Eh du den Hauch nun verlierst,
blas an die Liebes-Flammen!
Ich stinke und du frierst,
und wir tun uns zusammen.

Häng dein chow-chow-farbenes Haar
vor unser beider Gesichte;
besser, sag ich, verwechselbar
als ganz zunichte.

Gallsüßer Spaß – Maiengalle:
Heißa, was zweideutig schmeckt –
Bis der Chinchilla-Himmel alle
Viere weit von sich streckt.

Tran- und Abendlied

Schnapsbürtiger Traum: Die Wodkaflut
mischt Lilith mir und Appelschnut;
fall ich vom Sopha, müder Saul,
in Schöße, weich wie Pferdemaul.

Gelobt das Mondlicht – nicht so knapp;
Freund Äol gehn die Winde ab;
Orion, auch noch nicht zubett,
scheucht Sterne über die SBZ.

Gefiederte Seel, verfolge ihn!
– springt schon mein Herz aufs Trampolin –
Was ist's, das ihn erjagen kann?
Zäum mir den Schimming, Thiedemann!

Mit Boreas auf die windge Tour,
der schon durch Nietzsches Schnauzbart fuhr,
der seidne Stromer, unbelehrt,
der Mühlen dreht und Wolken kehrt.

Noch Pläne unterm Chapeau-claque?
Ach, laß den Daimon aus dem Sack!
Und nimm im Flug den Abendstern
als Bakschisch aus der Hand des Herrn.

Schäfer-Lied

Der rote Rühmkorf, wie er singt und spinnt,
geht ihm sein Hirn zutal;
man hat ihm eine Freude angezündt,
die Ohren allzumal.

Wie nun, teilt dieser biedere Genoß
die Wünsche des Pervont?
Lockt es den Lorbaß-rhododaktylos
tief ins Sanellenblond?

So seis! man hat mir Käs und Glut
und eigne Laster kunstvoll angericht.
Ich trag dressiertes Feuer unterm Hut,
das leckt mir am Gesicht.

Ein schöner Tag, die Nornen stricken Strümpfe,
dieweil ich in Angora-Wolken äs.
S'ist Fried, und keck entblößt die Rüben-Nymphe
archaisches Gesäß.

Sich seiner Zunge zu freun
nach Flut und Ararat!
Die Erde, die uns noch ermöglicht hat,
soll heut nicht ungepriesen sein.

Lies mir das Glück aus der gedunsenen Hand;
auch pfleg der fetten Ruh.
Schon gut – ich habe Pankow anerkannt;
der Wind bläst ab und zu.

Das Wesen, das zergeht.
So wendet man das Heu in seinem Kopf –
Ob Meister Gockel von der Krise kräht,
er muß doch in den Topf!

Nun häng ich mich als Ai ins Geäst,
ein eingesalzener, verstockter Tor.
Treib deinen zappelichten Traum zunest:
Ick bün all door.

1959–1962

Anode

Auf der Höhe des Friedens, aus der Fülle des Fetts,
in den gähnenden Sechzigern dies hier bekundet:
Zu singen wenig, aber zu handeln genug –
nun schick deinen Traum in die Mauser.

Schreib ab, sack ein, gib deine Drosseln in Kauf,
spiel dein gezinktes Herz, laß Rosen karren ...
Wo sich dir, Landsmann, alles zu Golde verkehrt,
pflichte mit Flöten bei, in Deutschland, unter der Sonne.

Hier läßt es sich verkommen, hier siegen heißt:
Oh große Wurstfabrik! ein Lächeln eher,
einen Tag billiger, ein Angebot voraus, den Feind
am Busen sich zu bändigen.

Wer mahlt denn dort so zierlich mit den Zähnen, spricht,
daß ihm in Hunger und Hoffart die leidige Zeit vergeh?!
Der sich die Schande vom Munde abspart, morgen,
Brüder, mit uns auf den nämlichen Unrat vereidigt.

Du, vom Genickschußschlaf unaufgerufen
in unsre Mitte getreten mit kunstlos durchlöchertem Kopf,
sink – sink zurück in Ruh, eh was die Sterne
zu melken kam, sich Billigung erbittet.

Das heckt bald himmelan, wahrlich, ein neuer Wurf,
wo nichts dawider singt und alles spricht dafür,
daß ihm der Faustkeil in der Brust die Herzen
auftut der Fühlenden ...

Daß ihm der goldene Grind zum Heil ausschlägt
und uns, die (schabt den Rüssel miteinand!)
soweit herum-, soweit herunter-
gekommen sind.

Herunter und empor –
Ein guter Wind steht hinter den Bezügen,
wo schön die Nacht ihr Markstück balanciert.

Auf Freunde,
Faktenputzer, Fellabzieher,
den Sarg gesattelt und den Speck geschnürt!
Steigt ein …

À la mode

Der die Schnauze voll hat, Genossen, ihm geht
der Mund gelegentlich über, auch wenn er sich
eurer Gesichter fast nur noch von ferne erinnert –

Wer war noch, dessen Lippe so überaus eindrucksvoll
von was nur sprach, als gelte es uns zu bewahren
vor wem? und welchem weiteren Ungemach?
wüßt ichs doch Kameraden!

Und hör es noch wie heut, daß wer nur? wer?
den ganzen Mund voll Luft und Überdruß
von – ja! Verändrung! sprach, und hat sich auch verändert.

Daß ich ihn jetzt nicht mehr erkenne, nicht
mehr unterscheiden kann im Licht des Strahlenkanzlers,
wo jedermann sein gutes hartes Glück macht,

nicht mehr zu sondern weiß den trefflichen Herrn Sowieso
von denen, die er einst und mit geballter Zunge
vor aller Augen in die Enge trieb.

Ich weiß, ich weiß, die Zeit! Und daß, wer siegen will,
mutig bis an den Rand der Rentabilität,
nur mit kandierten Klauen … aber doch:

Auch hier ist Tragik, unverkennbar: Promethiden,
ans Eigenheim gefesselt, die ein faules Feuer
in dem gedunsenen Busen hüten
und warten, warten müssen, bis Gewöhnung
vielleicht den Wandel vorbereitet und im Zeitungsabsud
sich gute Nachricht findet.

Solange mit der Zeit und nicht vom Fleck,
solange unterm Schulp von fettigem Papier
stumm seinen Claim bewacht und sein Gesicht vermieden.

Still. Stetig. Nobel und flexibel. Duckbereit.
Wer hadern will, verschenke seine Rechte –
Der Klügre ist's, der hier zunächst den Service
wahrnimmt und seinen Schädel von der Steuer absetzt.

Bis einst, bis einst
– die Fahne aus dem Faß! –
die Lerchen sich ins Schinkenlicht erheben,
und seines Feinds preisgünstiges Angebot
den Sieger hochreißt von der Schreberwalstatt.

Urenkels Ode

Welch ahnungsloser Ernst:
Ein Greisenfoto, das sich seit funfzig Jahren den Bart streicht,
so als wollt es die ganze Geschichte im Voraus strählen
und sagen: Mehr Stetigkeit!
oder: Bedenkt, was die Väter webten und wuchteten,
dort nehmt die Speere auf! –
Jeh, es liegt einem viel gußehernes Spruchwerk im Haus,
damit
wir, wenn es Not wird,
den Schädel schwerlich kalfatern.

Ich, aber ich, mit eingeschlafenem Arm
lustlos auf die erwachenden Länder weisend
(wo das milliardenzehige China
nächtens und tags noch durch meine Träume marschiert),
evakuiere die Brust von aller der
schwerbewaffneten Hoffnung und meine an Trostes Statt:
Zeitig zu Bett,
um unter neuen Gestirnen,
morgen mit frischem Mut zu verzweifeln.

Marode

Hier sind keine Zähne mehr,
    aber die Wut ist gewaltig,
kurz der Arm,
    länger die Nase doch!
Ob du den Flügel dir raufst, er trägt
über den Scheitel dich nicht –
Wer nun entsetzet sie dir:
sorgengetrüffelte Brust?

Ach, daß einer wie du
    und mit ehernem Knüttel gar,
daß es die Asche erbarm,
    unter die Feinde fuhr ...
Der dich mit Dauer versorgt, ist wohl
der die Verhältnisse umkehrt:
Sand, unterm herrschenden Schuh,
bald vor dein Auge gefegt.

Wem sein Licht lieb ist, der rück
    stille sein Lämpchen zurecht,
friste mit silbernem Witz
    noch seines Wesens Beschluß.
Wenn dann die Nacht ihre Kohlen trimmt, es fällt
keiner der Sieg in den Schoß.
Ganz von Geduld entstellt:
Die auf dem Schild dich nachhaus schleppt.

Kommode

Jadoch, am sauer erkämpften Saum der Gemütlichkeit,
wo mir das Sitzfleisch schon aus dem Halse hängt,
glaube ich nimmermehr, daß sich auf fensternem Flügel,
Freunde, mein vogelgeschmücktes Haus in die Luft hebt.

Gutso, ich führ meine alternden Blitze spazieren, bin
meiner Liebe nicht froh und meiner Lüste nicht ledig,
wer aber, unter Niedergeworfenen, klebte
nicht an seinem Gewicht und hielte den Abfall nicht hoch?

Was erhofft ihr euch nun? daß ich die Schnauze stimme,
als wär's die eure?
Singe, des einen Übel, des anderen Nachtigall?
Feierlich weist ihr den Weg, doch wo eure Winke sich kreuzen,
an der Elbe gehn zweierlei Tiger zur Tränke.

Süß durch verzuckerte Zähne gepfiffen:
SIEG!
Unter den haltlosen Schuh tätowiert:
VORWÄRTS!
als ließe sich hier noch ein Land entwickeln, als wüchs euch
Arkadien in den Schritt.

Wer kommt, mich aufzutun, der über Funk
stilvoll die Achseln zuckt und alle Zweifel feilhält – ? –
Ich aber will im Kreise meines Ungeziefers
still diesen Kopf auftragen.

Hier wird es ernstlich ewig, Freunde, fast
schlägt mir die Wesenheit schon durch den Rock;
ach, was zerreißt es mich, bis übers Grab
auf nichts als Ebenmaß bedacht,
nach Einfalt?!

Ganz steif vor Ungeduld,
auch Klau-in-Klaue schon mit dem Holunder,
was hoff ich, daß das Laub mich anerkennt?
Und spähe in die zugewachsene Nacht,
ob nicht mein Auge ohne Qual verlande...

Ode an die Hoffnung

Wenn der gewöhnliche Mensch, wenn er schon längst
zu steigen anhebt und seine biederen Dinge gar
in andrer Höhe deutet,
mache ich's mir bequem in meinem vernagelten,
festgefahrenen Kopf und nenne bedenkenlos mein
Teil,
mit den Steinen still um die Wette zu liegen.

Lange doch war ich bei Einsatz all meiner Fertigkeit
gerade einer von andern, wo meine Zwergenjahrzehnte
ihre Spatzen aufs Streckbett schickten –
heute zu nichts als Anschaun und dummer Verwunderung
vor diese haltlose Landschaft beschieden,
wenn Wolken da
flüchtig wie Länder zergehn und mein Blickfeld gemäht wird.

Naheliegend ist hier der Gedanke an Ewiges, aber
seht ihr den Siebenuhrflieger, der streicht
sorgsam den Himmel mir aus.
Was meine Seele betrifft, die weiß sich zu ebener
Erde am sichersten aufgehoben –
Soviel Atem, ihr Trostlosen, habe ich immer noch,
mich dieser Luft hier mit eigener Kraft zu entledigen.

Kathode

Wie die Not dich wendig macht, Freundliche, rück
hier ans fröstelnde Feuer, eh's ihm die Flamme verschlägt,
eh wir zu ungleich schlimmeren Bedingungen
ums letzte Licht verhandeln.

Einbezogen in die erlauchte Verworrenheit, komm,
schön und verzweifelt sind die Grimassen des Übergangs,
wenn der novemberne Tag mit schleifendem
Zügel über die Gründerborte hinwegsetzt.

Was birgst du dein Gefieder unter Tage, heißt
was mich noch hoffen läßt, schon aufgegeben?
Wie auf unbestechlichen Stuck gesetzt ist
gleich welche Größe doch wacklig seit Anbeginn.

Von den ewigen Jagd- und Beweisgründen aber da-
her es wie Schatten uns in die Parade fährt,
rührt auch, die uns den Staub erst richtig wert
und teuer hält, die Furcht, daß er verwehe...

Staub, der sich zum Gesicht
aufwarf und zwischen Wind und Widerwind
nicht in gebundener Rede,
der nicht mehr
Einspruch erheben und das leere Himmelsloch
mit Fragen flicken wird,
solange
stirnab der Jubel rollt.

Was Festes?

Ein Loch zu graben, eine Wand zu kalken,
vom Mais gefressen und ein Glas geleert –
Schwachsinn des Sommers über dem Donnerbalken,
wenn mir der warme Wind ins Schlappohr fährt.

Wohlan, ich habe mich dem Hauch verdungen,
dem süßen Strom, wie er den Rotdorn schürt,
die späten Stöße meiner alten Lungen
gen Osten transportiert...

Oh Dotteräugige zwischen Wind und Witz,
was bleibt uns fest, wo die Sekunden sintern?
Ich trällre noch den Reim auf deinen Hintern

und spür den Aufwand hinterm Hosenschlitz.
Komm auf die Feuerstreu, die Flammenweide!
Der Äther schwappt, es radebrecht die Freude.

Ans Glück verzettelt

Ans Glück verzettelt und mit tausend Zoten,
zu leicht befunden, und ich täusche leicht
das schlaue Fatum auf Hyänenpfoten,
das meinen Bau umschleicht.

Es winkt von meines Mundes gelben Zinnen
der Zungenwimpel höherem Betrug:
Im Niederfallen, im Vorüberrinnen,
preise ich Lust und Wut auf einen Zug.

Was ist's, das du besorgst?
Du, Liebste, wirst an meine Seite eilen,
Austern und Unbill treu mit mir zu teilen,

die graue Stund, wo du dein Herz entkorkst.
Sieh mich! als sei kein Beil für ihn geschliffen,
die Welt im Spaß vertun, den Himmel einbegriffen.

Freude auf mein Haar

Mein Kopf, mein Kopf, wir gleiten in den Maien,
gerädert und rasiert,
nun in der knappen Brust das Herz des Haien
die Stunde mir skandiert.

Es lockt die Negrin Nacht und atzt den Denker
mit Mond- und Silberschlei –
ich schnapp betrunken nach dem Sternenblenker
und aller Gleisnerei.

Steigt grün der Sommermahr
aus sieben Flaschen, die ich dreist umhalste,
da grüß ich aller Wolkenvetteln prallste

und fordere die Freude auf mein Haar.
Oh Herz, mein Magma-Nest, wenn wir die Liebe schmecken
für nichts und wieder nichts und Jubel ums Verrecken.

Zwiegesichtiger Vogel

Zwei Zeilen Zähne, eine Handvoll Worte,
du ziehst den Scheitel, ich bestelle mein Papier:
Die Lettern steigen vor der Sommerborte
in den geweißten Himmel über mir.

Du fragst, wer mir den krummen Kurs beschriebe,
und was an Wollust zu erwarten sei – ? –
Ein zwiegesichtiger Vogel, meine Liebe,
leiht mir den Flügel und den Bug von Blei.

Oh Freude, die du nennst . . .
Der Blick gerinnt, der Berg erstarrt im Sprunge,
ich raschle planlos mit der Lorbeerzunge

und sattle mein papierenes Gespenst.
Zu Flug und Fall, zum Andiewolkenstreifen,
zum Tiefundschwerhinab – die Doppelschnäbel pfeifen.

Verkehrte Welt

Gedacht und nicht getan, zum Scherz geschaffen,
luftiges Land mit Freude im Zenit,
wo Lipp und Ohr und Lunge des Schlaraffen
das Glück in seine Galle einbezieht.

Du siehst den Tiger fromm die Zähne falten,
sich still an seinem Odem gütlich tun;
es dünkt ihn faul, sich einen Feind zu halten
und läßt den Himmel, blau, auf sich beruhn.

So weit – so wo? – so wann?
Im Laube wispern meine Stiefdämonen
und trinken sich die zweite Einfalt an:

Der Muhzug pfeift, das Tutschaf bellt,
hier will auch ich bei meiner Schlimmsten wohnen,
preisend die beste aller, die verkehrte Welt.

Fundefeuer

Brav zwischen Zitzen, Um-und-Umgehetzter,
sprich: eine Blöße sei der andern wert!
Dies ist mein erster Schädel und mein letzter,
und ich besinge, was nicht wiederkehrt.

Wer triebe seine Drosseln in die Scheuer?
Wer spannte sein Gefieder vor den Pflug?
Ich nicht, ich wärmte meine Hand am Fundefeuer
und nenne weise, was mich weitertrug.

Im Somm- und Wintern, im Gebläu des Herbstes,
reisigen Beines, fleisch- und würdelos –
Was dir dein Vater schuldet, du vererbst es,

die spitzen Grillen und die groben Launen:
das lehrst du einen unbefangenen Schoß.
Heil dir! und Lorbeer, weich wie Eiderdaunen.

Flügge Flammen

Wohin denn, schöne Haut, und was gemieden?
Da wäre noch ein Scherz, der dich ergetzt:
Ein schwarzer Schwung verkohlter Leoniden
für kleine Weile unter Glut gesetzt.

Gib acht, mein Lieb, im Hexen unerfahren,
wie man aus Ruß und Lettern Funken münzt!
Ich pack die flüggen Flammen bei den Haaren
und wünsche nun, daß du im Feuer stündst.

Und fluch der Stille, die dein Herz mit Dauer,
den Mund mit Ruh versorgt, den Flügel bremst –
Die schlimme Liebe macht uns auch nicht schlauer,

gleichviel, die Pfote brennt dem Zundelfrieder –:
Wenn du dir Grillen aus der Braue kämmst,
schürt er dir eine Lust in Schuh und Mieder.

Schön zuschanden

Vom Sommer aufgehetzt, ins Licht verschlagen,
allez! und schirr die scheckigen Träume an:
als Show-Elias, keck, im Feuerwagen,
als, mit der Luft im Bunde, kleiner Hävelmann.

Nach Daidaland auf glimmenden Pleureusen,
bis sich mein Schöpfer ernst mit mir befaßt –
Schau mein Gesicht im Jubel und im Bösen!
Ist dies dein lieber Aff, an dem du Wohlgefallen hast?

Der kaspert, wie du mit der Braue zuckst...
Bestell dein All, wir kommen schön zuschanden,
im Abendäther, zwischen Windgirlanden

den Tag verblasen und die Glut verjuxt.
Verblasen, ach, wen trug der Fittich von Papier?
wozu? in den entflammten Himmel über mir –?

Witz von meinem Witz

Nun laß dir noch dies alte Herz besohlen,
durchstreif die Welt um Stroh und Leuenkot –
Ich! faß die Welt in einem Atemholen
und lock die roten Drosseln in mein Boot.

Komm, Bruder Engidu, und sei zu Gast;
wir wollen um die fetten Wolken freien.
Du weißt, du weißt, man wird dir nie verzeihen,
daß du so hoch zu Roß gelitten hast.

Komm, Bruder Engidu, mein treuester Kojote,
du Witz von meinem Witz, im Mund die Galgenzote,
hier gibt es Wind von Süd und Spaß und Gram für zwei.

Ich stimme meinen Vers auf deine Ohren:
Du bist verloren, doch was ist an dir verloren?
Sieh, daß der Kummer leicht und kurz der Kehraus sei.

Bocks-Gesang

Die mir die Klöße kocht, auf Abruf, Geliebte, oh gold-,
gold- und käsecremenes Haar in Bändern gefangen –
zierlich trittst du den Staub, es kauert der Abendbold
vor deiner Tür mit beefsteakfarbenen Wangen.

Auf verwunschenen Socken strich ich durchs Land,
den Raum zu zerstückeln –:
Pflaumblaue Nacht, ich werde mich introvagant
in mein Zwerchfell wickeln.

Vor dem ewewigen Richter hoch im Sternengestühl
saht ihr mich nimmer verzagen;
warum nur schlägt mir heut wie ein Kamikazegefühl
das Glück auf den Magen?

Flackerhand, Loderbein, liebliches Kind,
nimm es, eh ich versteiner,
eh uns die Galle grünt, als ein Flammengebind
deiner Vergängnis und meiner.

Nimm es für nichts, es sei als ein grobes Gelüst,
dem Himmel beizuwohnen . . .
Hoppla, wenn Mitte Mai die Kastanie nach oben grüßt
mit tausend Erektionen,

wenn sich im Leder, wenn sich im krummen Gebein
die Flügel entfalten;
ach, und der Neckar bei Plochingen, bei Steinbach der Main
läßt uns die Luft anhalten.

Komm, guter Flederfisch, höre: das was uns töricht macht,
macht uns auch singen.
Nimm es für Glück, den Nugget Mond für die Nacht
und die Schürze voll Silberlinge.

Nach mancherlei Glanz

Sing', neurotische Seele, die aufbereitete Unschuld,
sing' dein Glück aus der Büchse, singe Bilanz!
Fast wie Größe kommt's und es trieft mein Auge von Ruhm,
der ich das Schindfeld betrete, feig und fintenreich.

Aufgeblasen unter Geblendeten, bäh,
sich ein Heil zusammenstümpern, es preist
mich der Flor meiner Feinde
– oh, niedere Eintracht! –
sagt, wer flötet mir heut die feinste Lüge ins Ohr?

Nun, aber nun, ein Tag, der rosa erstickt,
von, weh!
welchem Zuspruch zehrest du, wenn
Erde langsam das Licht abstreift oder
Herbst sein Jaguarfell dir vor die Füße wirft –?
Ehe du noch deine rettenden Späße sortierst,
über den rohen Himmel fährt und in dein bestechliches Herz:
Der Abschied.

Diebsgesichtiger Abend, der rührt die gepanzerte Brust ...
Wo nur leitest du noch diese Tränen her?
sprich,
nach mancherlei Glanz und Gehabe, woher
macht es dein Auge von Grund auf übergehn?
und aus geräumigem Busen quillt
Kummer und Jubel dir zu.

Kummer und Jubel, eins bei dem andern, und ist
dieser, der dich gewaltig zu jenem ermuntert.
Aus zweieinigen Augen schaue ich
das ungeteilte Land,
fühl
unterm dummen Fuße das Gras
und im Mund nicht den Widerspruch –
Ewigwährend Wind – darein
gebe ich meine eingefleischten Rechte und sing':

Unten und Oben und Luft und Gebüsch und darinnen
mich
mit allem leibeigenen Zeugs und Gedinge.
und ich preise die Erde wider mein besseres Wissen!

Außer der Liebe nichts

Flüchtig gelagert in dieses mein Gartengeviert,
wo mir der Abend noch nicht aus dem Auge will,
schön ist's,
hier noch sagen zu können: schön,
wie sich der Himmel verzieht und die Liebe zu Kopf steigt,
all nach soviel Unsinn und Irrfahrt
an ein seßhaftes Herz zu schlagen, du spürst
einen Messerstich tief in der ledernen Brust
DIE FREUDE.

Wo nun dieser mein Witz das Land nicht verändert,
mein Mund auf der Stelle spricht,
– hebt sich die Hand und senkt sich für garnichts das Lid –
doch solang ich noch atmund-rauchund-besteh,
solang mich mein Kummer noch rührt
und mein Glück mich noch angeht,
will ich
was uns die Aura am Glimmen hält,
mit langer Zunge loben!

Unnütz in Anmut: Dich,
wo die Nacht schon ihr Tuch wirft
über dein ungebildetes Fleisch, es kehren
alle Dinge sich ihre endliche Seite zu,
und aus ergiebigem Dunkel rinnt
finstere Fröhlichkeit ...
Ich aber nenne diesseits und jenseits der Stirn
außer der Liebe nichts,
was mich hält und mir beikommt.

Davon singet sein Mund

Wo der Schnee fault, das Feuer schimmelt, die Luft
 verrottet,
in Täuschland,
wo mein Entsetzen zu Haus ist,
will ich zum ersten, zum zweiten, zum letzten,
rrrumms!
will dies unverkieselte Herz und, ehe das Auge trocken steht,
Lust und Wut und viele gebrechliche Dinge
lauthals preisen,
unter, ah!
Atem halten will ich, daß er uns bleibe:
Gesang!

Ja-ja, schlag er sich nur an die machtvoll rauschende Brust
und sing:
Fröhlich bin ich in Hoffart!
Schneidet er Fratzen in Frankfurt,
haut er in Hamburg sein Hirn auf den Kopf,
immer wisset:
aus Niederem nähret die Freude sich,
und was in Mops und Möwe
bellt oder segelt,
macht auch ihm seine Kehle schwellen auf Widerruf,
oh hört nur:
Hallelujah – Hallelujah,
wie er die Zunge rührt ungläubig und einmalig.

Was ist es denn sonst, das sein Fleisch
schon jetzt aus der Fassung bringt
als
seine Verderblichkeit – ?! –
Hacke und Schnauze, wie stockt es so bald und bleibt
zwischen Schläfe und Hosenstall garnichts Bewegliches;
auch
seine freischaffende Seele,
hochfahrend noch und sein herrenlos reisiger Geist,
schmählicher einst als sein Buckel der Erde anheimfällt,

eine Handvoll flüchtigen Düngers,
so strebet es himmelan.

Davon singet sein Mund,
und dann,
über dich gebeugt und über die Salzburger Nockerln:
aller guten Dinge kurzen Zusammenhang,
also:
das Vorhandene:
hier und unter dem Hammer köstlich geheißen, da
da aber kommt
– ei, dein wechselfarbenes Haar im Zwielicht! –
garnichts von Hegel her, und
reproduziert sich in Form von Gesang
KEIN WELTGEIST.

Klagesang

Als mir der Atem noch leicht war – sing me the song,
schlag an die Nylonfiber –
lag ich bei gutem Winde auf meinem Gründerbalkon,
fuhr an der Sonne vorüber.

Stieg meine Haderliebste ins Sommergefährt,
Geranien vorgezogen!
Sprich, wieviel Lust hat hier deine Kniee durchquert
und ist wohin? geflogen?

Wer hat den Abend, ach, zu solcher Röte erzürnt?
Ich mümmle und schweige.
Besser, es stürzte einer, gestiefelt und gestirnt
ins Dahliengesäuge.

Sänge: hier kommt noch allerhand Glück auf den Mann!
Nun kränzt ihm den Schatten!
Komm! Du! Zum: Drauflegen, Meta, der Spaß geht erst an,
wenn die Blitze den Himmel begatten ...

Wehe-wehe, alle Feuer geschoren, der Tran verkocht,
die Ohren glimmen blasser;
Nacht, und du tunkst den verlöschenden Nasendocht
in die prozessierenden Wasser.

Winde, ausgetriebene, fiedeln im Ried,
Kamrad in Frack und Asche –
Was, wenn der Herbst den Bäumen das Fell abzieht,
steigt dir das Herz in der Tasche?!

Steigt, hüpft, springt, reißt, schreit, tatzt,
kräht, brüllt, muht, boxt, trommt, stammelt!
So flehentlich – so aufgekratzt –
Aber die Brust ist verrammelt.

Als Fragment

So viele Geschlechter schon
. . . .
und wieder eingefordert,
ernst, mit vermummtem Gesicht;
nur selten
einige unverdauliche Zähne gegen die Enkel gebleckt
als wär's . . . .
. . . . . . oder ein Lingam
ICH ABER ZEUGE FÜR NICHTS!
ICH REFLEKTIERE ALLLÄÄÄSS!

Über die hohe Kante gebrochen: das Licht!
Sieh nur, dein Witz zieht Weiterungen, du stehst
zellophanenen Blicks
und . . . . ratlos:
Diese
schmale
Spur auf
Bütten,
das
war's
und
diese Fußnotenfährte,
dies dünne Glück,
dieses ausgeklügelte Heil, für das du dich prügeln läßt;
eine fade Suppe issest du würdevoll
und mit verstelltem Löffel verteilst du Größe
in wessen Namen?

Wenn der Morgen sein hungriges Maul auftut,
und aus Schnäbeln und Schnauzen lobt es den Tag hervor,
also beflügelt macht sich ans Werk Meister Lilienthal
(orthopädische Stiefel!)
NUR DU,
den die Erde mürrisch erträgt, du sagst es –:
Wie ohne Kraft und kunstvoll . . .
. . . .
Ach, es wäre zurückverwiesen auf Elle und anderes Maß

doch in schlichter Prose besserer Halt, als zaudernd
außer die Elemente gesetzt und gold-
goldene Sprüche kauen im hilflosen Midasmund,
. . . .

Der seinen Mann im Endlichen steht und mit sicherer Hand
Latt-an-Latte fügt und aus Steinen sein Haus,
unter dem nahtlosen Himmel, abends,
sich an einem Schoße zu schaffen macht:
SELIG DIESER!
SIE, mit zerlassenem Antlitz,
ihm unterlegt,
und besser stehet
ihnen die Sterblichkeit zu Angesicht
als . . . .
. . . .
(Bei Schuppen droht Haarausfall – Lichtung des Seins)
Das macht . . . .
. . . . auch die Bläue um garnichts begreiflicher.
DU
springst nicht über dein eigenes Licht,
DU
bist nicht der Mann für dein Glück.

Aussicht auf Wandlung

Mein Dasein ist nicht unterkellert;
wer schuf das Herze so quer?
Bei halber Laune trällert
der Mund sein Lied vor mir her.

Ach Liebste, könntest du lesen
und kämst einen Versbreit heran,
da sähest du Wanst und Wesen
für immer im Doppelgespann.

Ich halte der Affen zweie
in den knöchernen Käfig gesperrt;
und ich teil die Salami der Treue
mit ihm, der um Liebe plärrt.

O Herz, o Herz, wen verwunderts,
daß du zerspringen mußt?
Der tragende Stich des Jahrhunderts
geht hier durch die holzige Brust.

Hunger und Ruhe vergällt mir
ein scheckiger Wendemahr!
Zu jeder Freude fällt mir
die passende Asche aufs Haar.

Der Abend, der rote Indianer,
raucht still sein Calumet.
Was scherts ihn, ob ein vertaner
Tag in der Pfeife zergeht . . .

Sei, sei der Nacht willfährig!
Steig in den Hundefluß!
Jetzt kommt eine Wandlung, aus der ich
als derselbe hervorgehen muß.

Lied, unter dem Messer zu singen

Blast die goldenen Hörner leer,
Wind- und Grillenschwäger!
Ach, die Erde hängt sich schwer
an die Hosenträger.

Hinter Wolken teilt der Herr
Lose, halb und halbe:
Meine Feinde füttert er,
züchtigt meine Schwalbe.

Schenkt mir einen schwarzen Brei:
Schlucken! oder Scheiden –
Liegt die Katz dem Ketzer bei,
heckt die Not in beiden.

Winter rückt schon hügelan,
Henker schleift die Beile . . .
Nur dies Herz aus Pemmikan
hält noch kleine Weile.

Schöner-schöner Sommer du,
leer- und lahmgemolken;
und mich hebt kein Flügelschuh
an die Wechselwolken.

Süßer Zorn – saurer Scherz,
tanz ich oder siege?
oder folge winterwärts
meiner Totemfliege?

Lied für den Nu

Hei, Brüder, die Nacht geht zu Ende,
wer kommt uns mit Blüten zuvor?
Ich zwick eine dänische Lende
und pfeif in ein polnisches Ohr.

Was blickst du so spröde zur Seite?
Ich hab doch nichts Ewiges an mir!
Schau wie auf Fingers Schneide ich
meinen Glücksstern ausbalancier.

Im Tiefsten, im Hintersten spür ich,
daß nichts uns die Sprünge besohlt.
Doch der Sommer, er macht mich noch rührig,
wenn Liebe den Busen rigolt.

Ich weiß, ich komme nicht wieder,
und ich vergehe für mich.
Nun unter dem Fliegengefieder
regt es sich wunderlich.

Wo ich am Herzen mich kratze,
da lebt man nicht über den Nu.
Und ich schau meiner Morgenfratze
im Spiegel beim Singen zu.

Gemeines Liebeslied

Abend gießt Rotspon ein,
mir ins Gesicht –
Ewig ist der Wackerstein,
ich bin es nicht.

Wer hält mein Leben kurz?
Fei oder Dschinn?
Leicht wie ein Vogelfurz
fliegt es dahin.

Hagel pickt, Hegel packt
nicht mein Geweid, aber bei
Liebe und Schnickschnack
vergeht mir die Zeit.

Liebste, ich sing: an dich
denk ich bei Tag und Nacht,
weil mich das Ding an sich
trübsinnig macht.

Treib ich meine Dohlen heim,
– you can't be true dear –
wie ein verrückter Reim
leg ich mich zu dir.

Tu meinen Wanst, diridum,
vor deinen Birnenbug –
Was du begreifen kannst,
macht mich nicht klug.

Des fröhlichen Faunen Klagelied

Kleine Blumen, grünen Kram
wand ich um die Klauen,
und ein braves Wolkenlamm
äste still im Blauen.

Rotdorn schäumte unters Kinn,
süße Sommer-Akne!
Aus der Flut in meinen Sinn
stieg die Schaumgebackne.

Zwölf Joch Verse trieb ich ihr,
holla, von den muntren!
übers knisternde Papier
in des Himmels Tundren.

Ach, die keinen Reim verstand,
ist für Wind gepriesen;
bin ich lustig vorderhand,
winket sie Anchisen.

Abend flaggt schon Schwarzrotgold –
Mit verdorbenen Sinnen,
meine Hoden aufgerollt,
kehr ich mich nach innen.

Hocke blöd und Sitting-Bull
auf zwei stumpfen Schinken.
Laß den Kopf, die schwarze Null
auf die Hemdbrust sinken.

Grimm- und Grützlied

Über meiner Schiebermütze
setzt der Tag den goldenen Stander;
hab ich Grimm und hab ich Grütze,
da ist Gutes beieinander.

Rasch verblasener Gefühle
heute Hoffen, morgen Tief:
Das ist Mai auf meine Mühle,
Lunte an den Bürgerbrief.

Zög uns nicht der Wanst zurück,
glaubt nur, was wir steigen könnten!
schön, mit fliegenden Talenten
in das ungestalte Glück!

Der sich so zur Lust erkeckt,
hat sich bald für Wind verschwendet;
wenn der Herbst die Sträucher pfändet,
wird das Bettuch abgeleckt.

Einer zahlt in barem Spaß:
Haare lassen, Federn raffen –
Ach, mein Fell und keine Waffen!
Ach, dein Rock und kein Verlaß!

Siebenschöne, Tausendteure,
weich und aller Lügen wert,
wo ich noch mein Herz befeure,
wird das Licht schon umgekehrt.

Lirum-larum-Löffelsteiß,
wie erschlichen, so zerfahren –
daß ich diesen Witz bewahre,
mach ich mir im Dunkeln weiß.

Verliere-Lied

Mit Jux und Jammer beschäftigt,
ein sentimentalischer Stier –:
beim Dotter des Mondes bekräftigt,
bei dem Gras unterm Baum, vor der Tür;

bei dem Wind, wie er kommt, wie er rückdreht:
Was einer nicht halten kann!
Je-je, wenn die Liebe in Stück geht,
da geht die Liebe erst an.

Da boxt dir das Herz in die Seite,
da schleckst du den widrigen Rest,
da setzest du Leb- und Sterbtag lang
auf was sich verlieren läßt.

Das Tischtuch? Ei, das zerschnitt ich,
Bett hinter mir abgebrannt;
fuhr auf broschiertem Fittich
ins luftige Niemandsland.

Doch am Abend, bei Övelgönne,
das spitze Gefiedel des Schilfs – – –
Wenn einer den Himmel gewönne
und ließ seine Knochen, was hülfs?!

Sing lieber ein kunterbuntes
Lied lauthals in dich hinein.
Ein Freund in Gestalt eines Hundes
tanzt dir ums bleierne Bein.

Der geht, sich niederlegen.
Rechtet mit Feuern nicht.
Ein übergeordneter Regen
wäscht dir den Ruß vom Gesicht.

Auf einem alten Klang

Eiris sazun idi –
si und trieben lidi –
renki vor die Tür.
Flöteten die Merse-
burger Zauberverse,
waren gut zu mir.

Liebchen kam geschritten,
Nabel in der Mitten,
Näschen in die Höh;
und sie pries bei feinem
Wunderwein in einem
Atem Spaß und Weh.

Höll- und Hodenstüber,
ein Gesicht läuft über,
daß es wen entzück – ? –
Meines Herzens Triene,
und mit Jenseitsmiene
stürzt du in dein Glück.

Zwischen Ohr und Zehen
ganz mit Glanz versehen,
du: im Mondensud –
Will dich reflektieren,
eh wir uns verlieren
zwischen Flut und Flut.

Tirilyrileier,
juninachts im Feuer,
auf – ge – riss – nen – Munds!
Schließ das Aug, das närrsche,
spüren schon die Ärsche
Fliehkraft unter uns.

Auf ein rohes Herz

Spiel mit dem Lämmersterz,
tändelnde Agnes –
ich hab ein rohes Herz,
du ein gebacknes.

Himmel ist wetterwendsch,
und so bin ich es.
Du bist ein schlimmes Mensch,
ich bin ein wunderliches.

Wie du deine Launen strählst,
zähl ich die Stunden;
der Dumme, dem du fehlst,
ist hier gefunden.

Nachts, unterm Monden-O
schrei ich mit den Poggen,
bin meiner Gurgel froh –:
das ist gar gelogen.

Wenn Herbst die Blätter refft,
geh und vergeß ich.
Misch mich ins Windgeschäft,
liebe- und luftdurchlässig.

Luft-Lied

Ich bin der Herr Kannitverstan,
ganz ohne Ernst und Grund.
Du hälst um weise Rede an,
ich leck an Himmels Spund.

Spät kommt, doch kommt der große Spaß,
der kehrt das Gerade um.
Er nimmt an meinem Buckel Maß
und heißt die Erde krumm.

Mit einem Kebsvogel zeuge ich
ein lustig Feuerlein –
Die Stirn ist schön unleserlich
ich grab auch nichts hinein.

Doch düng ich dann mit Feenkot
ein bleiches Stück Papier,
pickst du von meinem Jambenbrot
als wär es Stoff von mir.

Die ganze Seele gibst du her
für luftigen Erlös.
Und Ein- und Krebsgang segnet ER,
der Wind im Laubgekrös.

Er soll für nichts gepriesen sein,
der kuppelnde Eunuch.
Das rührt an Rock und Hosenbein
und schlägt als Lust zu Buch.

Das Zeitvertu-Lied

Sommer, und die Schwalbe piepste
Monde zwischen Dach und Tür –
Dumm wie Dotter meine Liebste,
weich wie Melde unter mir.

Der an unsern Ohren zerrte,
Südwind, legt die Freuden bloß;
auf der schwankenden, der Erde,
halt ich an um deinen Schoß.

Komm als Luft- und Feuerbarde,
sing und zehr vom Wankelmut.
Zwielicht steckt mir die Kokarde
Hermes' an den Gockelhut.

Ehe, ehe die somali-
braune Nacht die Sterne bleckt,
schmelze, was mir als morali-
sches Gesetz im Halse steckt.

Zwischen zween Rosenzitzen
stoß ich auf nach Seligkeit.
Und vertu, um zu besitzen,
meine mir gesetzte Zeit.

Das für Dritte unverständliche Lied

Oh nudeldicke Dirne,
da mir mein Glück mißriet:
Ich nestle an der Stirne,
wo Kummer Fäden zieht.

Wenn Lieb wie Höllenhefe
den Busen schwellen macht;
mein Vogel an der Schläfe
kläfft in die schöne Nacht.

Wer weiß, in welchem Lichte
du morgen deine Schultern wölbst –
Ich brenn mir meine Träume selbst
und red' mein Heil zunichte.

Ob Zoten oder Zeichen,
ganz gleich, was mir vom Munde geht,
kann dir das Wasser nicht reichen,
das mir zum Halse steht.

Ich mache schwarze Beute:
Ha, Wortgewöll, heh, Eulendreck,
da meinen schlaue Leute,
ich trüg die Gall am rechten Fleck.

Die Gall im Narrenkleide –
Es zieht, die meines Übels lacht,
die holde Henkerin, die Nacht,
den Mond aus wolkiger Scheide.

Pendel-Lied

Die Hunde und die Winde sind's,
mit denen ich gefahren:
Wir fielen wüst in die Provinz
mit aufgelösten Haaren.

Zieh du die Schnauze à la mode,
dir läuft kein Lied zusammen!
Ich greife in den Flammenpott
und mische Sprit und Flammen.

Ich will mir mit dem Haselschratt
die Zeit und den Raum vertreiben,
und was es Ewiges auf sich hat,
mag mir verborgen bleiben.

Der, wider wen? die Blitze zückt,
der Himmel macht mich schielen.
Den will ich, bis das Auge jückt
versuchen und verspielen.

Er rutscht mir untern Hosenbund,
er schwappt mir in den Beinen –
Ich habe hoffnungslosen Grund
zu lachen und zu greinen.

Das Ende zeigt mich leergeliebt
und ohne Lust, zu hassen;
ich will, wo sich ein Grab ergibt,
mich füglich fallen lassen.

So Stein wie Blei, so antigrav,
das andre – wie das eine –
Ich schaukle meinen Alp zu Schlaf
und treib ins Allgemeine.

Das Himmelschluck-Lied

Mein Herz beschert mir groben Spaß,
die Lunge kommt mir auch zupaß,
ich preise mein Gewicht.
Zeigt ernst die Nas nach Norden hin,
daß ich aus Lust geworden bin,
vergeß, vergeß ich nicht.

Die Bäume stehen sich durchs Jahr,
das Herz ist wunder- und wandelbar,
ich setz auf Wasnichtbleibt;
so Blüten, Laub und Schöpferklein
und leg dir Feuer ans Gebein,
bis daß es Funken treibt.

Schau, die katangaschwarze Nacht
hat die Machete mitgebracht
und säbelt in den Wind.
Da sind die Sterne aufgereiht,
Schnittmuster für die Ewigkeit,
der wir verloren sind.

Oh schönes Sein, oh großes Nuscht,
zwei Wolken, in die Luft getuscht,
die ich wohl fangen möcht.
Es fällt die Nacht, es steigt die Früh,
im Spiegel bleckt mein Kontervieh
sein heimliches Geschlecht.

Doch Ketzers Kopf voll Fröhlichkeit,
die Liebe bringt ihn um die Zeit,
und ist für gut verjuxt.
Dann aber kommt der Tag des Herrn
mit Donnerschlag und Mandelkern,
wo du den Himmel schluckst.

Alles-für-die-Nix-Lied

Ich pfeif meinen Sparren, ich rühme Korff
und ich heirat die Venus von Willendorf.
Du runzelst das Auge: Wie geht das zusamm',
der spirrige Kerl und die propre Madame?

Mein Lieber, mein Lieber, den Himmel verspürt
Freund Antek, solang er die Erde berührt.
Der hier seinen Witz unter Atem hält,
wenn sein Herz stillsteht, das bewegt keine Welt.

Baut seine Hütt vorm All, zieht sein Gesicht
wie es ihm schmeckt und dem Wechsel entspricht;
sattelt die Sonn-trallala, trimmt seinen Hut,
ei, und das Sechsuhrlicht kleidet ihn gut.

Ich bin nicht trans, nicht zen, ich bin dental.
Birnbaum will übergehn, ich freß ihn kahl.
In Mutters Gärtele – ach, wär ich das Gras,
lustiger zuckt ich und stürbe fürbaß.

Hollerbusch-Hollerbusch schlägt sein grün Rad.
Ich tret zurück an des Dummeren Statt –
Wenn dann der Abend steigt, links vor der Stirn,
bin ich der Wölkner, der hütet die Zirrn.

Bin ich der Nachtmann, schwinge den Kris,
wende behende mein Weltbild am Spieß.
Du vergewisserst dich noch deines Glücks –
Ich gebe alles um nichts für die Nix.

Variation auf «Gesang des Deutschen» von Friedrich Hölderlin

Wie der Phönix aus den Scherben, oh Vaterland,
Edelstahl platzt in den Nähten, Fette erholt,
Farben bei lebhaftem Angebot Aufgalopp, Kursgewinn,
Hanomag, hundertprozentige Rheinstahltochter ...

also erhobest du dich, verlorengegebener
gräulich geviertelter Aar, doch bald auf der Höhe schon
deines alten Gewichts, und, ei, den Tauben gleich
an Kropf und Krallen!
Du Land, chromblinzelnd, wo man die Meinung verzieht
bei stillem Anteil, bin ich der deine schon?
Sieh, auch ich bin fix in der Lüge,
freundlich blinket mein Damaszenergebiß.

Wenn ich mich auf meine Feinde besinne,
morgens, wenn mir der rote Kamm unterm Hut schwillt ...
leicht von den Knöcheln gebrochen, wächst ihr schon
neuer Vorrat, der morchelhäuptigen Hyder.

Wer wollte da? an welchem Fels? wozu?
mit was? dem Adler trotzen, dem längst überfütterten?
der von des Himmels Kaltschale nippt,
dein nicht zu achten und Helden-Unschlitt.

Oh Freund, vor kein Schafott bestellt, in Frieden,
wer bläst sich da auf und wie ohne Zweifel?!
Zück deine Hauer, alteingesessen, da bleibet ein
abgestochener Brei auf der Walstatt.

Kennst du Minervens Kinder? Was kümmert sie
des wüsten Donnerers, des sie nicht achten, Gebell?
Schickt, schickt ihn nur ins Glück, da wird
keiner über die eigenen Zähne straucheln.

Das geht in Größe glatt, das ist wie über Nacht
ins Licht gefordert und vor die Sterne geschleift,

jeder zu allem aufgerufen, man teilet
dir vom Schmer des Säkels und heißt dich verdauen.

Nimm nun dein Pfund auf dich und wuchere,
ehe der schlechtere Mann das Licht absahnt –
unter die Gauner erhoben, sollst du
deinen Hintern zum Fluge lüften.

Gegrüßt in deinem Glanze, mein Vaterland!
Mit neuen Namen lockst du, mit Blust und Bluff,
wenn das entbundene Fett als Flamme
mächtig über die eigenen Ufer lodert.

Noch schwillst du an von unterdrücktem Krieg,
sinnest ein neu Gebild, das von dir zeuge,
das, einzig wie du selbst, das aus
Stroh geschaffen, goldene Körner treibt.

Wo sind nun Dichter, die ein neu Gemythe
auftuen diesem blauen Schlaraffenblick?
Tausendgut – Güldenfett – Rosenschleck –
Eselein deck dich, Deutschland, käufliche Mutter.

Also: aus voller Brust geklampft, aus vollem Magen
das Lied, aus überfließendem Munde gespendet:
Schmierig währt am längsten, wer wollte da
mürrisch gegen die Seligen vorgehn?!

Die in der Sonnenlache, die im Gewinnbereich
ihren Jubel aus eigener Tasche bestreiten;
und – die Hand an der Börse – schwört es
sein gestrichen Maß Glück und Persönlichkeit.

Gebt also, gebt ihn endlich, gebt den Himmel frei,
und scheltet nicht, nein, besser, preiset ihn, den wohlgelenken,
den Mann, der nach Sintflut und -feuer
wieder den Wanst in die Waage hievte.

Der was die ALTEN sungen, der Dichter spann,
wirklich erfährt, das prästabilierte Behagen:

Nun: Blüten angelandet! nun: Sternenstreusel! und
mit dem Sänger geteilt auf Kippe und Schweigen.

Auf Kippe und Gedeih, daß nie und keiner
die Kreise jemals störe, Wanderer, kommst du nach
Deutschland, sage du habest uns hier
unterliegen sehen, wie es der Vorteil empfahl.

Variation auf Klopstock «Dem Erlöser»

Der Seraph strampelt ohne Besinnen, so fährt
ein ungefüges Tier über Land und fällt
froh und im Wankelmut – wer bin ich,
daß ich die Späße spar für wen und die Ewigkeit?

Vom Staube Staub, doch wohnt da ein handlicher
Sinn in meiner Gestalt, es gilt unter Goyen
und von allen Eigenheiten des Fleisches nur:
was es an Jubel in sich erduldet.

Auch du wirst einmal, der du ins Helle stierst,
eingehen in die schwarze Kolik der Nacht,
still, in ewiger Lage und wo der Wind steht,
wirst vom ewigen Schatten schlürfen.

Des Lebens Schauplatz, Welt, wo wir handelten,
wo Darwins Enkel wird, was sein Vater war ...
eh sich ein Grab ergibt, wo ihn nichts mehr heraufruft,
schreibt er mit bunten Sommertinten sein Glück.

Auf und nieder zwingt es den Jüngling, dem munteren
  Karo gleich;
an seinen Lastern, wie wächst der Vortreffliche!
Einmal, da soll er besänftigt scheiden,
weise nach soviel Liebe und Unflat.

Der Ruh Gespielin, Stunde des Todes, komm!
Komm, du triffst einen sattsam geleerten Mann –
zwischen Aufgang und wo sie abfällt, die Sonne,
hat er all seine Fratzen geschnitten.

Laßt mich dort hingehn, daß ich die Stätte seh,
dahin ich fahre, wenn mich kein Glück mehr erniedrigt,
nicht mehr dem zugeschütteten Auge
hebt sich die silberne Null des Monds.

Vorm beschaulich verwitternden Kirchlein laßt,
laßt mich knien an geniengedüngter Statt,

wo ER an Metas Seite, machtlos,
wo sein eingeebneter Mund verstummte.

Also kommt und vergehet der Mensch, es fällt
– daß dir der Sinnspruch unter dem Gaumen verdorr! –
der seine durchgetretenen Füße der Schwerkraft
listig entriß, der mürrischen Erde zu.

Wieder zu mir, und wie noch die Schärpe des Lichtes
prächtig über die eckige Schulter hängt:
Auch vor meiner Tür spielt sich Größe ab!
Und die Freunde im Wesenlosen nicken mir zu.

Oh schierer Schmerz, wo Lippe nicht und Blick
die Klagen bündeln können, die weithin heulenden . . .
lieber will ich mit wechselnden Mienen
meine Dinge am Boden regeln.

Will im allerhöchsten Zusammenhang
Größe meiden und Niederes sinnen;
niemals, um meinen Hals erhoben,
will ich außer die Brüder gesetzt sein.

Wie sie schön und verschwitzt und ganz ohne Dauer sind –
Freunde, auf grüner Wermutschwinge, wohin?
Da steigt ein übergeordneter,
heiliger Spaß in kommunizierenden Kehlen.

Himmel, und was uns ein Blinzeln abnötigt,
das will auch unter Feixen gewürdigt sein!
Ewiger Dinge unerfahren,
wolln wir den Tag noch vor Abend loben.

Es ziehet-zieht der Wind meinen Stetson-Hut,
wie er wahllos im dümmlichen Laube wühlt –
Wenn ihm sein Glück nicht paßt, mag einer
gehn!
    Hallelujah!

Hugh, ich habe gesprochen!

Auf eine Weise des Joseph Freiherrn von Eichendorff

In meinem Knochenkopfe
da geht ein Kollergang,
der mahlet meine Gedanken
ganz außer Zusammenhang.

Mein Kopf ist voller Romantik,
meine Liebste nicht treu –
Ich treib in den Himmelsatlantik
und lasse Stirnenspreu.

Ach, wär ich der stolze Effendi,
der Gei- und Tiger hetzt,
wenn der Mond, in statu nascendi,
seine Klinge am Himmel wetzt! –

Ein Jahoo, möcht ich lallen
lieber als intro-vertiert
mit meinen Sütterlin-Krallen
im Kopf herumgerührt.

Ich möcht am liebsten sterben
im Schimmelmonat August –
Was klirren so muntere Scherben
in meiner Bessemer-Brust?!

Variation auf «Abendlied» von Matthias Claudius

Der Mond ist aufgegangen.
Ich, zwischen Hoff- und Hangen,
rühr an den Himmel nicht.
Was Jagen oder Yoga?
Ich zieh die Tintentoga
des Abends vor mein Angesicht.

Die Sterne rücken dichter,
nachtschaffenes Gelichter,
wie's in die Wette äfft –
So will ich sing- und gleißen
und Narr vor allen heißen,
eh mir der Herr die Zunge refft.

Laßt mir den Mond dort stehen.
Was lüstet es Antäen
und regt das Flügelklein?
Ich habe gute Weile,
der Platz auf meinem Seile
wird immer uneinnehmbar sein.

Da wär ich und da stünd ich,
barnäsig, flammenmündig
auf Säkels Widerrist.
Bis daß ich niederstürze
in Gäas grüne Schürze
wie mir der Arsch gewachsen ist.

Herr, laß mich dein Reich scheuen!
Wer salzt mir dort den Maien?
Wer sämt die Freuden an?
Wer rückt mein Luderbette
an vorgewärmte Stätte,
da ich in Frieden scheitern kann?

Oh Himmel, unberufen,
wenn Mond auf goldenem Hufe

über die Erde springt –
Was Hunde hochgetrieben?
So legt euch denn, ihr Lieben
und schürt, was euch ein Feuer dünkt.

Wollt endlich, sonder Sträuben,
still linkskant liegen bleiben,
wo euch kein Scherz mehr trifft.
Müde des oft Gesehnen,
gönnt euch ein reines Gähnen
und nehmt getrost vom Abendgift.

1964–1975

Gruß aus Rom

Auch unter Pinien läßt es sich leben, gewiß doch,
der ganze
unaussprechliche Süden paßt in ein Fliegenfenster
(dein sorgsam gerasterter Lichtblick)
und wie von ferne nur
dringt es in deine Stube mit Schwerter- und Schlachtenlärm.

Von ferne der Mut und der Ruhm.
Drei Jahrtausende, mindestens, rücken sie an, dich zu grüßen,
drei Jahrtausende randvoll!
Ja, hier gibt wirklich ein Heros dem andern die Klinke in die Hand.
Ein Triumph des anderen Huckepack.
Über die Ränder des braunen Lateinbuchs hinweg
ragt es wie goldene Lettern,
und aus den Fußnoten Niebuhrs,
unentwegt,
hörst du den Tritt der Legionen.

Entweder – oder!
Eine erstklassige Klassik schafft man nicht im Sitzen.
Wenn es ein Volk in eine andere Lage drängt,
wackelt der Hausrat.
Oder sehen Sie nur diesen lieblich gebuckelten Landstrich:
von w i e viel Seiten berannt,
w i e v i e l e ausgesuchte Helden mußten sich
nicht aufeinander werfen,
um aus Sumpf einen Hügel zu bilden.

Was, diese Blutsuppe schmeckt Ihnen nicht?
Dieser hehre historische Schichtkäse?
Sie denken sich eine Zukunft auch wohl eher als
Zeitenrichter im Selbstverlag?!
Aber der Genuß von Aprikosen widerstrebt Ihnen nicht unbedingt?
Des Pfirsichs, der Kirsche?
Alles ganz legitime Beutestücke im übrigen.
Alles seinerzeit mal auf der Schwertspitze eingeführt.

Zenite!
Fulminanzen!
He – he, Ihr Tieferbleichten, nicht dem Ausgange geht es,
hier geht's den Sternen zu.
Da könnte ja jeder kommen und sagen:
mal eine Weile gar nichts, oder:
wo man nicht mehr den scharfen Zug der Geschichte im
Nacken spürt,
der Platz im Garteneck –
Nein, Freundchen,
nein, mein Lieber,
nein,
du Dezimalgespenst,
auch vierzehn Stellen hinterm Komma bläst man nicht
Waldesruh.
Aber Leute,
die wirklich
ihr Grab noch ausfüllen, rufen dich an;
und es weist in die Zukunft mit handgehämmerten Wunden.

De mortuis oder: üble Nachrede

Langsam schließen sich die Wunden der Jugend, und
nichts will an ihre Stelle treten.
Auch das Leiden an der Menschheit
wird ja mal zum bloßen Routinefall;
nun, dann kokelt die alte Seele wohl so allmählich zu Ende,
es geht immer so weiter mit uns,
und wenn es weiter so weitergeht wie bisher,
ist bald Schluß.

Jetzt, zum Beispiel, haben wir auch die Linden schon wieder
im Rücken.
(Wer spricht noch vom Flieder?)
Man wagt fast gar nicht mehr I c h zu sagen bei soviel
Geschäftigkeit.
Bald,
wenn mit unaufhaltsamen Blättern
der Herbst
abwinkt
und auch die Drosseln ihre Lieder einziehn,
heizt du die hohle Brust
– Jetzt Kohlen kaufen! –
mit Nietzschewörtern.

Kein Grund zum Aufgeben, Meister!
Auch das Alter ist noch ein durchaus vollgültiger
Lebensabschnitt,
und solange der Stuhlgang gesichert ist,
der Tag doch nicht unerfüllt –
Ah – natürlich,
und dann noch der Trick mit dem Einerseits-andrerseits,
schleimlösende Dialektik:
das lernt man doch auch erst in, sagen wir, vorgeschrittenen
Jahren.
Wenn die Spannkraft nachläßt.
Und der Mund sich auftut:
grau
und von Liedern leer.

Schluß der Audienz

Mensch, gehn Sie mir ab mit sich!
Ich komme Ihnen ja auch nicht mit meinen selbstgemachten Patentveilchen.
Und lassen Sie den Hut bitte gleich oben.
So ein Schweißband hält nämlich die Gedanken viel besser zusammen.

Was, die Substanzfrage wollen Sie anschneiden, in wessen Auftrag denn?
Mann! Sie belegen Ihr Brot doch auch nur mit der eigenen Zunge.
Aber wissen Sie:
Leute wie Sie hab ich täglich welche Konkurs machen sehn.
Wenn da nur Ihr Geschäftsfreund mal plötzlich vom Konto zieht,
und Sie können nicht mithalten,
wackelt gleich der ganze gemütliche Überbau.

Die Menschheit?
Ans Herz damit!
Aber ohne mich.
Das Geistige?
Fraglos!
Aber nicht doch in diesem Zusammenhang.
Oder haben Sie schon mal ne Menschheit gesehn, die von da
ihren Brennstoff bezieht?
Aber wenn der Zuwachs des Humanvolumens Sie
wirklich ernsthaft beschäftigt,
die Akzeleration zum Beispiel,
dann werfen Sie doch da mal ein wachsames Auge drauf.

Nein, auf mich bringen Sie die Rede heute bestimmt nicht mehr.
Ehrlich gesagt, stilisier ich meinen Preßkopf lieber
unter Ausschluß der Öffentlichkeit,
und mit Tränen zur Lage
kann ich nicht dienen –
Friedlich

in meinen Chippendale-Sessel gelehnt
(das sei überhaupt keine echte Stellungnahme? Es ist
die meine!)
fülle ich meine Person mit der unverbindlichen Abendluft.
Ja, ich entwickle hier noch meine eigene Klassik.
Aber auch die riecht,
zugegebenermaßen,
schon ein bißchen stark nach der Packung.

Waschzettel

Leslie Meier
der sensible Hamburger Linksausleger
(enorme Nehmerqualitäten)
aber inzwischen natürlich auch aufs Hochseil übergetreten –
Hier, meine Damen und Herren, bezeugt sich noch einmal
    aufs Würdigste:
Der Versuch des Individuums, die tragisch verlorene
    Einheitlichkeit . . .
na, sehn Sie schon,
Wie es Balance übt zwischen Krisen- und Klassenbewußtsein.

Das ist doch nicht uninteressant
und auf unterhaltsame Art
sogar lehrreich:
Schwankend
und entschieden allein auf den eigenen Kopf gestellt,
mit vergleichsweise reinen Händen,
aber ohne genügende Hilfsmittel,
können Sie hier
einen Mann
In der Luft seinen Mann stehen sehn!
Was aber ließe sich Rühmlicheres bemerken als
daß das hier eine wirkliche Lücke zu füllen gilt.

Druse

12. Januar 72. – Im Zuge Aufräumungsarbeiten auf literarischem Trockenboden noch etwas Glut in abgelegten Sparstrümpfen entdeckt. Mutwillig hineingeblasen und – huch! – die ganzen alten Gespenster der Vergangenheit stieben noch einmal funkenziehend durch den Raum – Die Helden erster Ordnung – tränentreibende Tragödien – Ja, sowas nennt man Zenit, wenn einer ..... mit bedeutsam wackelndem Kopf – der historische Zadder – wie er sich manchmal noch bedächtig auf mittlere Höhe bringt – Aber diese Treue zu sich selbst hätte doch gesehen werden müssen – ein standhafter Spitzenneurotiker – für eine Pressenotiz dem Abgrund zu – Ja früher, da war man besser, in gebundener Rede etcetera ......: erstklassige Taschenblitze, Reibfläche gleich in der Hose – Wer Sie wirklich sind, möchten Sie wissen? Ich glaube, Sie bemühn sich da um eine Klarheit, die gar nicht erwünscht ist ..... – Heute: im Kreis ihrer glatzköpfigen Ideale – Ihre Hoffnungen auch schon um einen Kopf kürzer gemacht – ein bemerkenswertes Lamento – ausgestopfte Erinnerungen – Nur dies Eingelegte im Kopf – nur das goldne Gezänk deiner Jugend – raschelnd entfalten die Fledermäuse
der Kindheit die Flügel...
Stahlstichflügel –
Hol deine Flügel auch dem Rauch –
mit spakigen Schwingen –
bis unter die Achseln grau –
der gepreßte Fittich –
Und der Diercke entfaltet die Schwingen –
der alte Brehm –
Wenn der alte Brehm –
(wenn im alten Brehm – wie im Brehm sich noch einmal –)
WIE IM ALTEN BREHM

Wie im alten Brehm die Fledermäuse
manchmal noch ihre Stahlstich-Flügel entfalten,
und der Erdalfrosch unversehens sein
aus der Jugendzeit quakt,
so entringt sich auch meiner ausgestopften

Brust
gelegentlich eine Art von Bewegung,
und mächtig zerrt das alte Herz am Suspensorium.

Ja früher, da war man im Kommen –
Sie wollen doch bitte bedenken, daß ich einer Generation
angehöre, die sich ihr Weltbild
praktisch
mit bloßen Händen erarbeitet hat.
Als wir in die Geschichte eintraten,
steckte Nobile gerade bis zum Vollbart im Packeis;
Amundsen,
fraglos und mit dem Rücken zum Publikum,
strebte polwärts, zu retten, was nicht mehr zu retten war:
den inzwischen flüchtigen Nobile .....
Von solchen unbedingten Anstrengungen
fiel aber
ein Abglanz auch
auf unsere Windeln.

Der den Vorteil hat, nach uns zu kommen,
wie ungetrübt saugt er doch seinen
Steril-Kakao aus der Lupolen-Einwegflasche,
wie – – –

16 Uhr 30. – Auffanggläser beiseite gestellt. Filterpapiere abgeheftet. Drei Kreuze geschlagen. Schlußstrich gezogen. Lyrik in meinem Alter noch? Wohl doch'n bißchen unseriös. Zumindest ein Luxus, den man auf längere Sicht gar nicht durchhalten kann. Man zieht und zieht seine
Schatten
aus spitziger Feder,
kilometerweise, aber
von einer gewissen Qualität an wird es dann
für Dritte und Vierte fast zwangsläufig
un-ver-ständlich –
Wackeln Sie nur nicht so
unmutig mit dem Überbau, meine Herrschaften!
Wenn diese Gesellschaft sich keine
Gedichte leisten kann,

den Anspruch,
ne Kulturnation zu bleiben, werde
ICH?
aus eigener?
Tasche?
bestreiten?
Gar nichts werd ich.

Nekropolis

Nur immer fort, nur zu, nur Schippe über Schippe,
hier groß empfunden ist bloß feucht geniest –
Die Wörter pladdern auf die Abfallkippe,
bis sich die Grube füllt, die Strophe schließt.

Noch eine Schaufel Dreck für einen Flügel,
ein Ehrenwurf für einen noblen Spleen:
Wie grad die Zeile fällt, hebt sich der Scherbenhügel,
der Fragen deckt, die Kreuze nach sich ziehn .....

\+ + + + + + + + + + + + + + + + + + +
\+ + + + + + + + + + + + + + + +
\+ +
\+ + + + + + + + + + + +

Ich glaub, du denkst, hier sinkt noch immer die Titanik,
wie jemand öffentlich mit soviel Kultur ersäuft –
Hier wirkt nur – platzda! – eine Sanitärmechanik,
die Wort auf Wort zum Totenacker schleift.

\+ + + + + + + + + + + + + + + +
\+ +
\+ + + + + + + + + + + + +
\+ +

Nein, nix Musik! und auch kein Büstenheber;
lieblose Jamben in ein Leichentuch gewichst.
Wer davon lebt, der stirbt daran, der Totengräber:
Uuuund auf! Uuuund ab! Der Rest wird aus-ge-ixt –

\+ +
\+ +
\+ + + + + + + + + + + + + + + +
\+ + + + + + + + + + + + + + + + + +

\+ + + + + + + + + + + + + + + + + +
\+ + + + + + + + + + + + +
\+ + + + + + + + + + + + + + +
\+ +

Vormärz

Ich saß, ich sah, ich schrieb,
der letzte Kuli,
der hinterm Glück zurückgeblieben war;
bereits der Morgen hatte was von Juli
mitten im Februar.

Wahrsager hauchten Löcher in die Glotze,
ein Fuder Lamahaar
drang in den Schlußverkauf ...
Aber am Bahnhofskiosk die Vierfarbenvotze
zog weit die Blume auf.

Auch frommer Stoff ging um, verwehte Passacaglien,
Klavierstaub
schwebt ums Ohr –
Mein großes Herz steht auf und rasselt an den Traljen,
tief innen außen vor ...

Im Nehmen hart – im Geben sparsam:
gewaltig,
wie du dich bezähmen lernst.
Wohin die Fahrt im beinernen Gewahrsam?
Ah, richtig, da ist Dichtung, das ist ernst.

Das ist die Lebenskunst der Sitzenbleiber:
einer muß wachen,
der die Bücher führt,
glasklar, eiskalt, bis seinen Kugelschreiber
von selbst der Schlagfluß rührt.

Gefriergetrocknet und asbestbeschichtet,
betongefüttert, eisenüberkappt –
Wenn auch noch du zerläufst,
dann hat die Menschheit ausgedichtet.
Dies wissend, wirst du still, wenn süß die Gülle schwappt.

Schon ab Vierzig

Grauer Gast in vielen Freudenhäusern,
Ehrenjungfern werden merklich knapp,
wie sie dastehn,
so in ihrer Blüte,
eisern;
und du puckelst dich mit deinen Sünden ab.

Wenn dir unterm Hemd die Flechte juckt,
glaub nur nicht, du wärst ein großer Friedrich –
Die Natur zerreißt dich
regelwidrig,
Schicksal ist ein Kunstprodukt.

Tragik?
Damit zieht man Kälber groß.
Wer Fortüne haben will, muß stechen.
Schon ab Vierzig wird die Liebe zum Verbrechen
oder aussichtslos.

Liebe hat mit Dichtung auch nichts mehr mehr zu tun:
keine hohen hier,
keine Selbstgefühle;
trab nachhause, alte Suchtkanüle,
schieß dich voll und laß dich ruhn ...

Du – im Kampfe unbesiegt;
Du – nur von der eignen Hand verletzbar –
Doch der letzte Donner
nie mehr übersetzbar:
wenn dein Kopf dir um die Ohren fliegt.

Abtrunk

Schnaps du mein Brennglas,
in dem ich mich sammle, verliere,
was les ich auf deinem Grund?
Ob ich den Schädel – zackwumm!? – mit einer Kugel plombiere,
oder geht's nochmal rund?

Schön und geschäftig sind
die sich von Pfosten zu Pfosten hangelnden
Glyzinien Roms oder Berlins –
Dagegen mein Leben!
ausgehaucht einfach aufgrund des mangelnden
Universalbenzins.

Freiheit und Brüderlichkeit, alles Scheißhausparolen:
mach die Luke auf,
Kette ziehn,
Durchzug im Überbau ....
Die Tage der Kraft sind in den Tagen der Schwäche
nicht wieder aufzuholen,
nicht einmal mit Stil und Knowhow.

Soll ich etwa den ganzen grauen Müll
nochmal umtüten?
Neu beschriften? – Marke drauf? – Abtrimo?
Schlimmer sind die schon bei Dreißig mit sich
herumhüten:
der laufende Leichen-Zoo.

Wer das sieht, wie es feig an ein stilleres
Ufer flüchtet
und sorgsame Kreise zieht – ! –
Wenn es der Zufall will, aber will-er-es?
platzt mir heut noch mein Herzhämorrhoid.

Fahr ich hoch aus dem knirschenden Joch,
mit ununterkriegbaren Sinnen:
Ich widerspreche,
ich wetterleuchte noch!
conquistadorisch nach innen.

Über die einen . . .

Das ist die Schande, das ist der Dreck,
das sind die uralten Lieder:
Über die einen geht man hinweg,
vor den andern wirft man sich nieder.

So einzig bist du nicht auf der Welt,
Verlierer aller Klassen –
siehe Tantalus, wenn ihm der Zweig wegschnellt
und er mag ihn nicht fahren lassen.

So ist es, der Gottesfürchtige klebt
beschaulich am Pappnen und Blechnen.
Wer dagegen im Blickfeld der Obenda lebt,
muß schon mit Ausfällen rechnen.

Mein emeritierter Vesuv steht leer
wie mein Bett, mein unbeweibtes;
ich leiste mir kein Pompeji mehr,
kein berauschtes und kein bestäubtes.

Zum Gaukler fehlt mir die Handvoll Glück,
zum Jeremias die Weitsicht;
und der Kummer bewirkt diesen bösen Blick,
vor dem sich die Unschuld bekreuzigt.

Das wird immer sichtbarer least not last,
daß ich mich verlustreich zermartre.
Viel lieber blickte ich bleiverglast
und blöd in den Domchor zu Chartres.

Ich frage mich nur, was lässet mich
so krampfhaft mit Engeln ringen?
Die Geister sind auch gewerkschaftlich
nicht recht zum Schweigen zu bringen.

Das fährt aus Pandoras Musicbox
in Fortunats Unglückssäckel:
stirnauf – stirnab – Paradies – paradox,
und ich find nicht den Dichtungsdeckel.

Kiez

Alter Mann, auf frischer Flucht befindlich,
spritgetränkt,
ein feuchter Nervenwisch –
Mensch, dies Schnaps- und Theoriegemisch
ist noch immer leicht entzündlich.

Warum krempelt sich dein Kopf nach innen?
Schrumpft
der leichenfarbene
Polyp?
Eine Freitagsnacht voll Trebegängerinnen,
ist das etwa nichts? Jugendtrüb?!

Fordernd federnd nimmt ein Schicksal seinen Lauf.
Jeder Schritt reißt
Feuer aus dem Strich,
vorbehaltlos,
so als riebe sie sich richtig auf
ganz allein für dich.

Hast du noch was Silber, läßt sie Seide,
hast du Gold,
dann bricht sie völlig ein:
Zwischen Mund und Arsch das Eingeweide!
alles dein!

Bruder, führst du auch ein ungeliebtes
Leben,
hau es auf den Kopf, das Haupt –
seinen eignen Leidenssirup saufen, doch, das gibt es,
öfter als man glaubt.

Liebe ist kein Feuer, ist ein Vieh –
Wer ein Grab besteigen will,
zähl seine Groschen ...
Leer das Herz und deine Hose ausgedroschen:
Dieser Tag war auch nur wieder einer wie –

Alle deine Uhren abgelaufen,
innerlich und eigentlich.
Marsch hinauf
auf deinen Zimmer-Scheiterhaufen
und verbrenn für dich.

Undine

Zieh sie an Land,
die säuselnde Sirene;
frag nicht, wer dich belügt –
Ein Kopf voll Haare und das Maul voll Zähne
genügt.

Schmeckt nur die Brust nicht schal;
wo hätte Wahnsinn je das Glück gemindert?
Du – krank im Geiste
und sie gehbehindert,
egal – egal.

Der Wind zieht an und schleift die Wolkenreiche;
l a n g s a m
steigt dir der Whisky
zum Zenit.
Wer weiß – du nicht – ob auf der Knochenbleiche
nochmal die Primel blüht.

Ob das nochmal zuhauf,
nochmal zusammenkommt, der Wust an Gotteswundern . . .
Schon – schnappen – deine Lungen
wie zwei Flundern,
die Jadebucht reißt auf:

W a s s e r s t r ö m t v o r,
ein Sturmtief wirft
Meerflocken über das entflammte Laken.
K o m m, k u c k e n, K u n s t:
die japsenden Kloaken –
der Bagger seufzt und schlürft.

Reisender

Melk – Sankt Pölten – Wien,
the world was magic,
und die Donau floß mir durch den Sinn –
Slibowitz!
das ganze Tal roch zwetschig,
und ich mittendrin.

Oder geistern schon die Treber-
dämpfe
durch mein eignes Oberhaus?
Manchmal trägt der Zug
mich behutsam wie ein Tortenheber
über mich hinaus.

Wolken, denen ich im Fluge nachsinn,
Zeit,
in die ich mich vertu, vertief –
Aber Achtung,
dieser Altersschwachsinn
ist noch explosiv.

Wenn zum Beispiel mich dein engster
Rock, Meinkind, vom Himmel runterholt
– Nudel- und Marillenstern! –
Ich: gesammelt wie ein Geiselgangster,
dirty – old,
aber nicht mehr fern.

Plötzlich: roter Schinken, weißer Speck:
Fahnen flattern – wen zu grüßen?
Pilger wallen – wem zum Heil?
Manchmal, eh ich aufschau, blick ich weg . . .
und schon schwanke ich
auf feuchten Freiersfüßen
einsam durchs Abteil.

Ach, ich kann nicht mehr,
ich bin verrückt,
ich leide,
(kilometermüde und gedankenkrank)
Walther! von der Vogelweide,
lös–oh lös
meine Ketten von der Rentnerbank.

Schienenstöße, doch mit immer taubern
Schwellungen
geleiten mich zu Tal, zu Grab –
Leichter sind die Geier anzuziehn
als Fortuna zu bezaubern:
Wien bleibt Wien –
Doch der Genius schreitet fort, schrammt ab.

Cicerone

Ach, wie gern ich andres schriebe –
Rom ist tot, Sankt Peter schweigt;
was ist Tizian, wenn nicht Liebe
mit dem Finger auf ihn zeigt?

Marc Aurel schwebt unveraltet,
Caesar ziert sich frisch vergipst:
alles einwandfrei gestaltet,
nur der Zauber ausgeknipst.

Was zu geben war, du gabst es –
(Was der Dichter sagt, das gilt!)
Nonnen, Schwarzbuntvieh des Papstes,
hasten kopflos durch mein Bild.

Plötzlich birst der Campanile:
wenn du hören magst, vernimm's:
s t ä h l e r n, ohne Selbstgefühle,
tret ich an den Lebenssims.

Suche hinterm Horizont
Deutschland-Deutschland nicht zu deuten:
Unbegreif-, Gewöhnlichkeiten:
s c h w a r z – r o t – b l o n d.

Elbterrassen

Ober 2 Bier, 1 Sprudel und 8 Körner,
den Rest auf eigene Gefahr –
ich seh schon jetzt
was meine Fassung sprengt:
riesig dein rosa Haar,
das geradewegs aus einem Bild von Turner,
von See her einwärts drängt.

Ist das astral? Orplid?
Fließend! Gewaltig! Leuchtend-ungekämmtes,
fast schon der–Strom–das–Meer–
Mein Auge sieht
dein Auge
sieht mein maßverklemmtes,
halb voll, halb inhaltsleer.

Ich weiß, ich kuck schon grad wie der verkannte
Vorstadtpoet...
(Liebe ist nichts für zwei)
Wie sag ich's dir? rein technisch bin ich Dante,
seelisch,
weil mir dein Arsch den Kopf verdreht,
nur noch ein Mops im Mai.

Wie sich mein Blick in deinen Mund vertieft,
wünsch ich,
daß irgendwas – das Schweigen – bräche –
Ich leg die Hand auf Eis, mich abzuleiten . . .
Wohin sie lenken, wem sie unterbreiten,
Selbstgespräche:
dem Volksmund?
wie er grün von Suppe trieft?

Liberia kreuzt auf,
Typhonkonzerte,
Sonne im Abgang, eine angestochne Sau,
die schon nach drüben kippt –
Wir mit Klavier und Geige Eingesperrte,

gen Süden ausgeflippt
doch unterm Flügel dampft der Krakatau –

Was ist der Mensch?
Ein Erzmal oder Steinmal?
Ein Narr, der Zeichen in die Filze punzt,
betrübt und bitterlich?
Wie spricht der Weise?
Sintflut oder Kunst!
Ich gleit – und unterm Klapptisch bilde ich noch einmal
so etwas wie ein Ich.

Daß mir genügt, in sie hineinzufließen,
mich wegzuströmen,
also: also hab ich die Welt geliebt –
Den Anblick kannst du mit nachhause nehmen:
Mein Blut im Fluge,
Tränen,
mitten im Vergießen,
das Ding, von dem es keinen Durchschlag gibt.

Gleich gut, ob einer volläuft, ob verblutet,
spurlos, gehaltvoll, mit und ohne Schweif ...
im Totenschiff oder im Hochzeitsschragen:
Der Mensch ist schneller beigesetzt als ausgetragen;
Hauptsache heute!
Schau:
über das Tischtuch flutet
die Brandung life.

Jetzt mitten im Klaren

Also Freund, also ernst, also eh ich endgültig verasche,
und meine Saugkraft verlier,
trink ich noch einmal
Blutsbrüderschaft
mit der Branntweinflasche
und du prüfst das Revier.

Ich nehm die Dickere, du nimm die Dünnere,
die Welt
läßt wieder mal hoffen;
woran, an welche Stunde ich mich erinnere,
ich war immer besoffen.

Schau, dieser stark bewölkt bis bedeckte,
diesige
Tag lichtet langsam die Miene:
leichtere Schnäpse, mittlere, schließlich riesige:
eine flammende Sonnenterrine –

Setzt euch nieder, frostklirrende Elfen;
dies ist hier kein Feuer von Stroh!
Immer zu! wir werden dem Eis schon zum Durchbruch
verhelfen
und den Büsten
herab vom Niveau.

Grüß dich Theben, hochgebaut, siebentürig,
wie rieselst du plötzlich zusammen
und kuckst so konkav?
Wenn zur Seite neigt sich mein Schiff schieflastig wie Lyrik,
unabwendbar wie Schlaf...

Muß ich etwa allein übern Fluß?
Was mauscheln die stygischen Schilfe?
Herr Charon, zwei Lethe!
eine kleine Übersetzhilfe,
aber Lethe mit Schuß!

Und nicht zu knapp bemessen:
Welt, wie du im Rückblick dich wölbst.
Doch mein Stundenglas,
meine Einweguhr,
meine Smith & Wesson entsichre ich selbst.

Oder was oder wann oder wie?
Nein, lieber jetzt mitten im Klaren.
Und ihr spielt mir nochmal – diese alteda! –
Mistmelodie
von den Leuten, die strudelwärts fahren.

Meine Stelle am Himmel

Komm an die Theke, Besiegter, heut abend,
verbirg
dich nicht hinter Mumienbinden –
Wir werden im kapitalistischen Tollwutbezirk
schon noch einen Barhocker finden.

Schmeiß du die Lage, ich sing dir ein Liedchen dafür
von den fast schon
zertretenen Flammen...
Kopf hoch, Genossen, mit noch was Obstler bringen wir
genug kritische Masse zusammen.

Was man uns abband, steht deshalb nicht still;
selbst hier nicht im freundlichen Feuchten:
Ich will meine Stelle am Himmel
wiederhaben, ich will
noch einmal von vorne leuchten.

Daß sich die eine minderjährige
und meine U-Person
vielleicht doch noch finden und mischen ...
Offen Ihr, rede ich Blödsinn oder dichte ich schon,
oder lieg ich, unhaltbar, dazwischen?

Wo ich schon nichts mehr beherrsche,
hassend was ich bediene,
liebend was ich verlor,
zöge ich selbst noch die rasende robespierresche
Gleichmachemaschine
diesem Konkurrenzkäfig vor.

Wo waren wir stehengeblieben?
Kapitalismus ist Kiez:
einer betreibe des anderen Unterwerfung –
Warte nur balde – die Krise – die Lageverschärfung –
die inneren Widersprüche – dann unsre Klassenjustiz!

Alle verbrüdert – verschwistert –
gib mir den Gnadenschluck, Lotti, ein Letztes, ein Bier:
Schön wie von unten die Sonne steigt,
wie die Krone zerknistert:
wenn ich noch etwas lebe, les ich es,
hoffnungsleichtes chinesisches
Milligramm-Zauberpapier ...

Anschluß an Masse finden

Freunde, Fließbandleuchten, Stechuhrasse,
Überlebenskünstler,
Hinz und Kunz,
somit leg ich meine Hand nochmal an Masse;
keine Angst,
ich bin ein Mensch von uns.

Allenfalls im Niedergehn geübter,
weiß ich nichts
was unsre Schmerzen dämpft –
Auch mein Schalterplatz, mein ungeliebter,
wie der eure
rücksichtslos umkämpft.

Sitzend
einen Furz zu überflügeln,
dafür sind wir auf der Erde angestellt –
Und ist schnurzegal,
ob in diesen Sarg mit Außenspiegeln
nochmal Liebe flutet, Sonne fällt ...

Nochmal Hoffnung winkt...
Was uns bindet,
sag ich euch verbürglich:
Alle meine Leiden waren wirklich,
nur die Reime,
nur die Form gelinkt.

Ohne Sender sonst,
ohne Hochantenne,
festgeigelt, zugeschneit –
wenn ich doch nur heulen könnte, wenn es
an mir runterränne:
Ströme – Flüssigkeit!

Rasen
statt verkommne Träume auszuschwitzen,
jeder, jede ein Insekt im Harz –
manchmal
implodiert ein Kopf im Sitzen –
Aber der Zusammenhang bleibt schwarz.

Noch weitere Leiden

Freunde, eh ich mich änder,
verschwind ich in der Heklaklamm;
ich hab noch grad den Finger am
Geländer.

Wenn stumm, wenn ungeschichtlich
die Mistel von der Sehne schwirrt:
von einer gewissen Gewalt an wird
das Schicksal unübersichtlich.

Quatscht Ihr nur gegen Wände;
ich zahl für alles, was mir schmeckt.
Je mehr man sich in die Länge streckt,
umso platter wird man am Ende.

Die rasende Romanze
wird wer wie Ihr niemals verstehn;
doch ist die Welt zum Schlechtwerden schön
als ganze.

Und blickt auch gern verstockter,
wenn ich mich so erläutere.
Ich habe schließlich noch weitere
unheilbare Leiden, Herr Dokter.

Gut ausgeschlafen habend,
interveniert mein Sowjetkopf;
dann aber hängt mein Herz am Tropf
am Abend.

Ein Süchtling und kein Feigling,
halt ich den Geist mit Giften wach –
Hier gibts kein – Auswurf glüht nicht nach! –
Recycling.

Solange das Denkmal stürzt

Da ist das Wasser – blaueres und blaustes,
wo kein Bedenken uns
den Blick
verkürzt –
Häng du dich hilflos an dein durchgepaustes;
w i r strömen aus in römischen Gefühlen,
solange das Denkmal stürzt.

Beschwingter Rahm, bewegte Eckensteher,
schlägt es uns um
vom Bett – ins Meer – ins Bett –
Wir kommen uns um einen Luftzug näher
und tragen Zwiebelringe um die Augen:
grün, grau und violett.

Wenns hochkommt,
reicht die Hoffnung manchmal nur noch bis zum Tresen;
w e n n e s b e r g a b g e h t,
drehen wir die Füller auf –
Am Abend wissen wir, der Tag war nichts gewesen,
was wir am Morgen noch nicht glauben wollten
und fassen irritiert zum Samenknauf.

Zählen wir etwa nicht mehr zu den Reißern?
K o m m t e i n f a c h A l t e r a u f?
Sind wir im Nu passé?
Wir würden manches bis auf dies verschmerzen –
L a ß t u n s u n s
einmal noch ganz beispiellos entäußern –! –! –
Und tief bis in die Artischockenherzen
erschrickt die Hautevolee.

Mailied für junge Genossin

Angesengt vom Sommer, abgetakelt vom
Fahnenschwingen und Bewußtseinzeigen;
wenn jetzt ein Junge käme, sagte komm,
ließ ich mich sofort vergeigen –
Meine allersäuischste Verehrung!
Ich verwüste mich speziell für Sie ...
Kommen Sie und sehn
die Bescherung:
meine wild bewegte Deponie.

'zähl mir nichts von Kriem- und andern -Hilden;
lerne: davon läßt sich gar nichts lernen.
Steh nicht rum als wolltst du Salze bilden,
eine Druse, innerlich, aus Sowjetsternen.
Nein, ich rede keinen blöden Mist
und bin weder so-, noch sorum abzurichten:
Gestern Kommunist – morgen Kommunist,
aber doch nicht jetzt,
beim Dichten?!

Kunst als Waffe? – da sei Majakowskij vor!
Deibel, diese blutige Krawatte.
Dicker Danton, der den Kopf verlor,
als er seine Zähne noch beisammenhatte.
Daß der schöne Zweck die Leiden adelt?
Hepp! Applaus!
Unter uns: der Tannenbaum ist abgenadelt
und dein Über-Ich ein Kartenhaus.

Wo ich dich in deinen Lastern so bestärk,
brauchst du nicht mehr gegen dich zu wüten.
Steig zu mir ins Hemd, mein Alterswerk;
auch für Mischgeburten
gibt es Lebensmythen.
Warum sich die Birne auseinandergrübeln,
eh der Himmel uns vertut, zerstreut ...
Angesichts von myriaden Übeln sind wir nur zuzweit.

Reine Wahrheit, ewig und unsäglich,
irrt im Kreise, weil sie nie bewirkt.
Komm! so links wie nötig und so hoch wie möglich,
H a r m o n i e i s t K u n s t
und d i e schon halb getürkt.
Warum – wir uns – nicht noch einmal –
h o c h g e p a f f t ?!
Spann die Lungen sachte vor die Wasserpfeife;
daß dein Odem mich vermummt begreife:
Harun – pst! – als Raschidhaft . . . .

Elegie

Gruß aus Köln – die bleiche Trauerkarte,
die am Rand noch grad die Fassung wahrt,
würde- und bedeutungsvoll:
ah-was-soll
all das dämliche Getanke und Gestarte
für das bißchen Fahrt?

Staub zu Staub und Schaum zu Schaum:
Diese Knöchel oft umschlossen,
dieser Hintern tief geliebt,
haltlos durch ein Totenhemd gesiebt,
ausgeflossen
in den sterneleeren Kofferraum.

Efeu schleppt sich lautlos durch die Jahre;
immergrün und unbegrenzt
deckt er diesen früh entschlafnen Schoß;
knochenlos
trete ich vor deine Abendbahre,
zart wie ein Gespenst.

Hark ich dir die Erde vom Gesicht,
laß die Blumen von den Ketten
– himmelstrebend, hochgehanft –
Dich in mein entfliehendes Gedicht
u m z u b e t t e n
(Ruhe sanft!)
Da ist Silber – da ist Gold – ist Licht.

Hochseil

Wir turnen in höchsten Höhen herum,
selbstredend und selbstreimend,
von einem Individuum
aus nichts als Worten träumend.

Was uns bewegt – warum? wozu? –
den Teppich zu verlassen?
Ein nie erforschtes Who-is-who
im Sturzflug zu erfassen.

Wer von so hoch zu Boden blickt,
der sieht nur Verarmtes/Verirrtes.
Ich sage: wer Lyrik schreibt, ist verrückt,
wer sie für wahr nimmt, wird es.

Ich spiel mit meinem Astralleib Klavier,
vierfüßig – vierzigzehig –
Ganz unten am Boden gelten wir
für nicht mehr ganz zurechnungsfähig.

Die Loreley entblößt ihr Haar
am umgekippten Rheine . . .
Ich schwebe graziös in Lebensgefahr
grad zwischen Freund Hein und Freund Heine.

Zirkus

Zò, der Laden dicht, die Wetten abgeschlossen,
aus der Traum, die Augen aufgesperrt:
Sein ist immer nur Bewußtseinsblähung –
Ihr in euren Erd-,
wir in unsern blauen Luftgeschossen
– Abend – Zirkus – Auferstehung! –
wo die Kuppel sich zum All entzerrt.

Wißt Ihr überhaupt was Kunst ist, Ihr?
Also – Kunst ist – etwa:
ohne Netz und Joker,
zweite Leute, doppeltes Papier
(wie besehn, in unergründlichen Gefilden)
einen Vogelmenschen auszubilden;
keiner weiß, wer heute oben siegt –
Mitten drin im Überlebenspoker:
Ob die Kunst zu schweben, Lust zu stürzen schließlich
  überwiegt.

Es ist nicht, daß wir mit seltenen Magien ...
Nichts dergleichen!
Frei! an zwei-drei-vier verstrickten Nerven
schwingen wir uns in die Umlaufbahn hinein –
Jeder Kritiker darf dutzendmal verwerfen,
jeder Scheißpolitiker verziehen,
jeder Klotz erweichen,
nur der Gaukler muß unfehlbar sein.

Keine Sehnenzerrung, keine Schneeverwehung –
was erwartet wird
ist einzig
dieses
leuchtende Subjekt.
Frei von Lasten, Lebensängsten, Liebeskummer;
was gewünscht wird, ist die Todesnummer:
– Abend – Zirkus – Auferstehung! –
absolut perfekt.

Sibyllinisch

Ab mit Bruch, sic transit gloria mundi:
Fortschritt wälzt sich nicht wie Lava fort;
atmet lautlos wie ein Pflanzendarm ...
Weimar, sicher, war erlebnisarm;
aber nehmen wir Botswanaland, Burundi,
was ist dort?

Abends, wenn die Sternemänner starten,
und die Glotze sprüht von Himmelsgischt,
hebt sich deiner Augen Doppellauf –
Komm, klapp zu, steck auf!
Aus sehr winzigen vertreuten Eigenarten
ist ein Individuum gemischt.

Wer das mitkriegt, wie du übertourig
ewig haltlos durch die Räume gurkst,
sieht nur gerade die Gestalt zerfließen – – –
Richtig Stil braucht Zeit, sich zu entschließen:
rotfigurig – schwarzfigurig:
welche Ruh! und kaum ein Strich vermurkst.

Wer du wirklich bist, ist gar noch nicht entdeckt:
etwas zwischen Einzelstern und Rudel,
bißchen Kunstgeschmack und bißchen Hundsgeruch;
nicht mal klassisch-klarer Widerspruch.
Aber manchmal
in des Regens Wahrgesprudel
strafft sich – unnachahmlich – dein Subjekt.

1953–1959

Himmel abgespeckt 7
Wes Pfeil? 8
Dem Endlichen 9
Daß ihm sein Sparren grüne 10
Über heroische Leidenschaften 12
Auf Sommers Grill 15
Selbstporträt 1958 16
Einer der Allergeringsten 18
Was seine Freunde sagen 19
Im Vollbesitz seiner Zweifel 20
Sentimentalisch I 22
Sentimentalisch II 23
Variationen auf ein Thema
von Friedrich Gottlieb Klopstock 24
Um die Bestände zu überprüfen 27
Das Ei des Kolumbus 29
Anti-Ikarus 30
Zwischenmenschliche Beziehungen 31
Vorschlag für eine alternde Geliebte 32
Wildernd im Ungewissen 34
Mit unsern geretteten Hälsen 35
Was du noch auf der Zunge hast 36
Hymne 37
Wir singen zum Eingang: 39
Das ganz entschiedene Ausweiche-Lied 40
Wiegen- und Aufklärelied 41
Lied für polnisches Mädchen,
zu Quickborn in Stellung 42
Guter Freunde Nachtlied 43
Heinrich-Heine-Gedenk-Lied 44
Das kleine Ausschweife-Lied 45
Tran- und Abendlied 46
Schäfer-Lied 47

1959–1962

Anode 51
À la mode 52
Urenkels Ode 54
Marode 55
Kommode 56
Ode an die Hoffnung 57
Kathode 58
Was Festes? 59
Ans Glück verzettelt 60
Freude auf mein Haar 61
Zwiegesichtiger Vogel 62
Verkehrte Welt 63
Fundefeuer 64
Flügge Flammen 65
Schön zuschanden 66
Witz von meinem Witz 67
Bocks-Gesang 68
Nach mancherlei Glanz 69
Außer der Liebe nichts 70
Davon singet sein Mund 71
Klagesang 73
Als Fragment 74
Aussicht auf Wandlung 76
Lied, unter dem Messer zu singen 77
Lied für den Nu 78
Gemeines Liebeslied 79
Des fröhlichen Faunen Klagelied 80
Grimm- und Grützlied 81
Verliere-Lied 82
Auf einen alten Klang 83
Auf ein rohes Herz 84
Luft-Lied 85
Das Zeitvertu-Lied 86
Das für Dritte unverständliche Lied 87
Pendel-Lied 88
Das Himmelschluck-Lied 89
Alles-für-die-Nix-Lied 90

Variation auf «Gesang des Deutschen» von Friedrich Hölderlin 91
Variation auf Klopstock «Dem Erlöser» 94
Auf eine Weise des Joseph Freiherrn von Eichendorff 96
Variation auf «Abendlied» von Matthias Claudius 97

1964–1975

Gruß aus Rom 101
De mortuis oder: üble Nachrede 103
Schluß der Audienz 104
Waschzettel 106
Druse 107
Nekropolis 110
Vormärz 111
Schon ab Vierzig 112
Abtrunk 113
Über die einen ... 114
Kiez 115
Undine 117
Reisender 118
Cicerone 120
Elbterrassen 121
Jetzt mitten im Klaren 123
Meine Stelle am Himmel 125
Anschluß an Masse finden 126
Noch weitere Leiden 128
Solange das Denkmal stürzt 129
Mailied für junge Genossin 130
Elegie 132
Hochseil 133
Zirkus 134
Sibyllinisch 135

Peter Rühmkorf

Kunststücke

Fünfzig Gedichte
nebst einer Anleitung zum Widerspruch
Rowohlt Paperback Band 15. 140 Seiten

Über das Volksvermögen

Exkurse in den literarischen Untergrund
rororo Band 1180

Was heißt hier Volsinii?

Bewegte Szenen aus dem
klassischen Wirtschaftsleben
144 Seiten. Br.

Die Jahre die Ihr kennt

Anfälle und Erinnerungen
256 Seiten. das neue buch Band 1

Walther von der Vogelweide, Klopstock und ich

196 Seiten. das neue buch Band 65

Wolfgang Borchert

dargestellt in Selbstzeugnissen
und 70 Bilddokumenten
rowohlts monographien Band 58

Rowohlt